IL MIRACOLO DEI QUANTI

Marion Deym

IL MIRACOLO DEI QUANTI

Un miracolo per me – ed uno per il mondo

Traduzione dal tedesco:

Francesca Filo della Torre-Pilati

Bibliografische Information der Deutschen Nationalbibliothek:
Die Deutsche Nationalbibliothek verzeichnet diese Publikation in
der Deutschen Nationalbibliografie; detaillierte bibliografische Daten
sind im Internet über dnb.d-nb.de abrufbar.

TWENTYSIX
Eine Marke der Books on Demand GmbH

© 2021 Marion Deym
ISBN: 978-3-7407-8397-6
Herstellung und Verlag:
BoD – Books on Demand, Norderstedt

Perché i romanzi fantasy come "Harry Potter" ed
"Il Signore degli Anelli" sono cosi affascinanti?
Perché ispirano il mondo?
I loro personaggi principali sono magici e, grazie alla loro
magia,
possono raggiungere l'impossibile.
Quali poteri soprannaturali sono coinvolti?
Da tempo immemorabile – fino ad oggi – l'umanità
ha desiderato questa magia.

Questo libro dà accesso ad un meraviglioso potere divino.
Non appena analizzata la saggezza dei miracoli
nel cristianesimo, nel buddismo e nello sciamanesimo
e la si confronta con la conoscenza della fisica quantistica,
si accende una luce.
Ed a partire da questo momento, anche la propria vita
può improvvisamente diventare magica
– quindi possono accadere cose incredibili!

Per
Philippa, Constantin, Richard e Yasmin
e Lupo

Introduzione

Perché questo libro? A volte provo cose incredibili: il desiderio del mio cuore diventa realtà all'improvviso – in un momento in cui non mi sarei mai aspettata che fosse. Poi mi frego gli occhi e penso: "Sogno o son desta?": Questo è gigantesco – è semplicemente bello e succede sempre più spesso!

In realtà, la realizzazione non viene dal nulla, poiché ho fatto ricerche nel campo "dei miracoli e realizzazione del desiderio" per anni. Ciò che ho scoperto, il "desiderio magnetico" mi ispira così tanto da non volerlo tenere soltanto per me. Sono fermamente convinta che possa aiutare molte persone, quindi devo condividerlo con tutti!

Fin dall' infanzia volevo sapere come "funziona" il nostro mondo. Il tutto è iniziato grazie a mio padre che mi raccontava la sua storia da "miracolo": ed io me la facevo ripetere indefinitivamente, e sine fine, non riuscendo a sentirla abbastanza.

Durante la prima guerra mondiale, mio padre era stato colpito prima alla mascella e subito dopo al collo, e si ricordò solo di come giaceva al suolo e pensò: "allora è così che uno deve sentirsi da morto. Che tristezza! Mi sarebbe piaciuto fare molto di più nella mia vita …!" Morire era la realtà crudele quotidiana in Russia, all' epoca. Quindi giaceva a terra, incapace di muoversi o di farsi notare e vide i suoi compagni in fuga, inciampare su di lui, dopodichè perse conoscenza. Ad un certo punto si svegliò in un vagone ferroviario. Com' era possibile? Era ancora vivo!

Il viaggio di ritorno a casa durò molte settimane ed il grave stato di salute di mio padre peggiorava ogni giorno di più. Giunto infine all' ospedale, egli rimase per molto tempo tra la vita e la morte ed i medici finirono per salvarlo. Solo mia nonna veniva ogni giorno a trovarlo, prendeva cura di lui e pregava. Sensazionale ma sopratutto quasi meravigliosa fu la sua guarigione! All'improvviso – nessuno poteva davvero crederci! – le ferite erano guarite! Mio padre si riprendeva. La sua sopravvivenza è stata per lui un miracolo ed egli non si stancò mai di riperlo vita natural durante. Anche i dottori parlarono di un miracolo.

Questa storia mi ha affascinato visto che sembrava misteriosa e sconvolgente allo stesso tempo. Esistono davvero i miracoli? In tal caso, cos' è un miracolo? Come succede? Si tratta di un' evento sopranaturale che va all' incontro di tutte le leggi, oppure può essere spiegato?

Il luogo del pellegrinaggio di Lourdes è famoso per i miracoli: delle persone paralizzate si sono alzate improvvisamente durante la celebrazione di un servizio ed hanno incominciato di nuovo a correre oppure certi malati terminali non mostravano, più di colpo, alcun sintomo. Dopo una severa indagine medica, la Chiesa Cattolica ha fatto riconoscere come miracolo 70 di tali guarigioni, considerate assolutamente inspiegabili. Anche i santi buddisti, i guaritori sciamanici o i dervisci musulmani compiono cose incredibili che possono essere solo descritte come miracoli – non appena agiscono per meditazione o trance. Cosa si nasconde dietro tutto questo?

Prima di tutto, ho divorato tutti i libri di fantasmi, streghe e maghi che sono riuscita a trovare e ho provato – ovviamente senza successo – a sfidare la mia fortuna con "Abrakadabra". Poi ho cercato di dare un'occhiata al misterioso mondo della magia con "il pendolo" o facendo muovere i tavolini oppure con l'aiuto di un indovino. Forse ci sarebbero state delle risposte? Ma purtroppo il tutto risultò invano …

Ora ho iniziato ad affrontare intellettualmente l'argomento miracoloso. Ho studiato libri filosofici, cristiani, buddisti, islamici, sciamanici, esoterici secondo le parole chiave "miracolo" e "realizzazione dei desideri". Volevo davvero trovare la chiave per il mondo delle meraviglie. Con così tanta schiacciante e travolgente saggezza, dovrebbe essere possibile svelare il segreto del miracolo! Così ho sperato comunque ed ho scritto ogni passaggio "illuminante", tutto ciò che in qualche modo mi ha avvicinato al mio obiettivo – fino a quando il mio "file di saggezza" è traboccato.

Tutte le culture e le religioni del mondo hanno il loro principio spirituale, ma ognuna di esse ha, in un modo o nell'altro, trovato la maniera di attraccarci con una forza misteriosa che può essere usata per compiere miracoli. Una cosa mi era diventata chiara: al di là del nostro mondo fisico vi è un mondo metafisico del quale non ero finora a conoscenza, una sfera del sacro e dell'onnisciente. La logica e la ragione non hanno posto in questa sfera. Ecco l'onnipotenza, l'unica forza che possiamo chiamare "Dio". Ecco, potrebbe essere la fonte di tutti gli inspiegabili "salti quantici" nella storia umana", dai quali potrebbero accadere tutti i miracoli. Sulla base di questa conoscenza ho persino trovato la mia "chiave"!

Questo libro è limitato allo studio dei miracoli nel cristianesimo, nel buddismo e nello sciamanesimo. Immaginate una chiave a triplo bit. Ogni bit della chiave corrisponde alla saggezza di una di queste tre religioni. Aprono insieme: 1. La saggezza cristiana ('Se vogliamo qualcosa, dobbiamo già averlo per poterlo ottenere. In unità con Dio anche noi siamo divini.'), 2. La saggezza buddista ('Proiettiamo su tutti i fenomeni un' esistenza intrinseca, ma dobbiamo riconoscere che non c'è 'nulla. Tutto è vuoto. Solo attraverso questo tutto può sorgere, cambiare e scomparire. Il vuoto è il nostro potenziale illimitato.') e 3. La saggezza sciamanica ('Il mondo è costituito da luce e vibrazioni; ciò che crediamo sia vero è solo un sogno. Dato che, nel più alto livello spirituale il tempo non esiste, possiamo cambiare tutto prima che sorga.')

La porta verso il mondo delle meraviglie: nella parte 3 – La pratica, si impara ad usare questa chiave.

Le scoperte della fisica quantistica confermano le saggezze di cui sopra. Già nei tempi antichi, le unità di base più piccole di tutte le sostanze solide, liquide o gassose venivano chiamate ‚atomi' (‚atomos' greco = indivisibile). Intorno al 1900 ci fu un colpo di timpano. I fisici avevano rivelato che gli atomi potevano essere scomposti, era la nascita della fisica quantistica. Da ora in poi, il guscio atomico (elettrone) ed il nucleo atomico (protone e neutrone) sono stati esplorati individualmente ed i risultati hanno capovolto tutto. Si è scoperto che il nucleo stesso (materia) è solo 1 / 100.000 dell'intero atomo. È come un granello di sabbia in un'enorme cattedrale. Tutto il resto dell'atomo (99,999999%) è spazio vuoto, ciò che i fisici chiamano "energia subatomica". Ma perché ciò che tocchiamo sembra così compatto? L'energia subatomica è in costante oscillazione e ci suggerisce una presunta realtà.

Ma quale ruolo gioca questo ‚vuoto' nel nostro mondo? Il fisico Max Planck lo descrisse in questo modo: *'Tutta la materia sorge ed esiste solo grazie ad una forza che fa vibrare le particelle atomiche ... dobbiamo considerare dietro a questo potere uno spirito cosciente ed intelligente. Questo spirito è la causa originale di tutta la materia. Non la materia visibile ma la transitoria è il reale, il vero, perché la materia non esisterebbe affatto senza lo spirito, ma lo spirito invisibile, immortale è la sola verità! ... Così non esito a nominare questo misterioso creatore, così come tutti i popoli culturali della terra l'hanno chiamato già da millenni: Dio!'*

In questa "sfera del sacro e onnisciente" assolutamente predominante, nella "dimensione superiore", tutto è immaginabile. Senza un'auto-esistenza intrinseca, tutto può scomparire completamente da un momento all'altro o sorgere di nuovo. In questo modo tutti i miracoli sono possibili. I cristiani sorgono nella preghiera – nell '"essere uno" con Dio – in questo "spazio divino". I buddisti e gli sciamani lo raggiungono attraverso la meditazione o la trance.

Le seguenti scoperte quantistiche-fisiche sottolineano che i miracoli non sono un gioco di prestigio, ma possono effettivamente accadere: Poiché per i fisici quantistici non esiste la materia in sè, sono possibili cambiamenti improvvisi in qualsiasi momento: ‚Il caso gioca un ruolo' (Cioè un salto quantico è arbitrario, non prevedibile). ‚Un atomo è incalcolabile, può trovarsi in più punti contemporaneamente. L'informazione di un codice binario (tecnologia) o quella di un osservatore (umano) determina il risultato. Le nostre informazioni umane, il nostro impulso, consistono in visioni intense e sentimenti forti.' (Cioè possiamo – nella dimensione superiore – dare al quantum che salta, una direzione che vogliamo con le nostre visioni e sentimenti). Questo impulso può essere accettato senza indugio, perché ‚Tutto nell'infinito cosmo è quantico intrecciato con tutto, per sempre.' (Cioè pensiero, energia e materia comunicano con tutto in modo energico, informativo ed infinitamente veloce). Quindi, se vogliamo cambiare qualcosa, dovremmo prima entrare nella ‚dimensione superiore' e quindi impostare un forte impulso. In questo modo, uno stato può improvvisamente cambiare in un' altro senza perdere tempo.

Con tutta questa conoscenza, è iniziato per me un momento di sperimentazione. Volevo davvero sperimentare un miracolo da sola – od almeno una realizzazione del desiderio. Così ho organizzato il mio ‚laboratorio dei miracoli' (lo conoscerai) ed ho provato tutto ciò che avevo imparato finora, tutto ciò che era nel mio ‚file di saggezza'. Il risultato: provo sempre cose impressionanti e fantastiche e ricevo anche dagli altri dei feedback entusiasti.

Quando inizi a praticare, non devi desiderare subito un miracolo; spesso i miracoli hanno uno sfondo drammatico. Preferiresti soddisfare prima il tuo desiderio? Prova invece questa gioia più pura quando un desiderio diventa realtà! Miracoli e realizzazione del desiderio accadono allo stesso modo!

Apriti a questo mondo di pensiero. Forse hai letto alcuni capitoli. Giudica te stesso: rimarrai stupito dai risultati!

<u>Parte 1</u> – **I Miracoli nel nostro mondo**
Per tutti coloro che vogliono sapere.

<u>Parte 2</u> – **Come raggiungere velocemente la pratica**
Per gli impazienti che vogliono arrivare rapidamente al dunque.

<u>Parte 3</u> – Eccoci a**l punto: la prassi o la pratica**
Cinque fasi per soddisfare i propri desideri/ i propri miracoli

<u>Parte 4</u> – **Un miracolo per il mondo**
Auguriamoci, se fosse ancora possibile: un particolare miracolo per il mondo.

L'indice

Che ne direste di un miracolo?

Ci sono momenti in cui sentiamo l'urgenza di un miracolo. A volte la nostra vita non va come dovrebbe. La perdita del lavoro e scarsità di danaro creano nervosità, oppure l'amore della nostra vita è sparito e niente va più! Un amico caro od addirittura noi stessi ci siamo ammalati gravemente e la nostra situazione ci sembra senza speranza; oppure dobbiamo ripetere un´esame pesante o … vogliamo soltanto diventare niente poco di meno che il campione del mondo in … Ci sono così tante cose che vanno storte – sia per i giovani che per gli anziani, sia per i poveri che per i ricchi. Ma sempre di più ed ancora, desideriamo la realizzazione di queste cose andate storte: per cui pensiamo "Ora soltanto un miracolo può veramente aiutare." Ma – in verità – che cosa è esattamente un miracolo?

Un miracolo è un evento straordinario "che sembra contraddire o contraddice veramente la regolarità della natura e della storia." (Wikipedia.de) È qualcosa che "supera con il suo modo di perfezione il solito ed il normale, per cui tutti diventano pieni di grande ammirazione e grande stupore." (duden.de) E perciò, quest´evento viene attribuito all' influenza immediata di Dio oppure degli Dei, od ad uno potere divino od a dei poteri soprannaturali." (Brockhaus.de)

È vero questo? È davvero una cosa inspiegabile, un fatto arbitrario? È senza logica? Eppure potrete presto riconoscere: nella fede profonda di un miracolo è presente molta più fisica quantistica di quanto si possa immaginare.

Abbiamo sentito raccontare dei miracoli di Gesù Cristo, dei Santi, dei Maestri Indiani e dei guaritori spirituali. Ma anche gli incantatori, alcuni maghi o qualche ciarlatano fanno pure loro dei ‚miracoli', ma questi sono però supposti. Per cui, qualche volta i miracoli sono veri e qualche volta sono delle truffe. In ogni caso, hanno un´ incredibile fascino. Quando accadono, irradiano presso l´interessato, una felicità infinita ed una grande gioia.

Le questione fondamentale è: è ciò possibile che dei miracoli accadino? E nel caso affermativo, che cosa dobbiamo fare perchè questo possa accadere anche a noi? Il buddista Paramahansa Yogananda afferma che i grandi maestri possono compiere dei miracoli. Secondo lui "Tutte le cose che succedono nel nostro precisissimo universo, non solo accadono ma si spiegano anche secondo le leggi. Le cosiddette forze miracolose di un grande Maestro sono una conseguenza naturale della sua precisa conoscenza delle percepibili leggi che governano il cosmo interno della coscienza. In realtà, quindi, nulla può essere definito un "miracolo" a meno che, nel senso più profondo, si guardi il tutto come miracolo." (Paramahansa: Autobiografie eines Yogi, vedi pag. 356)

La conoscenza delle leggi percepibili ʻè quindi la chiave del cosiddetto ‚miracoloʻʼ. Potremmo anche noi, se in possesso di tale conoscenza, sperimentare un miracolo? La buona notizia è ‚siʻ! È davvero possibile se tutto combacia. Appena abbiamo capito di che cosa si tratta e lʼessenza del miracolo, allora possiamo metterci ardamente al lavoro. Tenete lʼobbiettivo davanti ai vostri occhi ed esprimete molto precisamente il vostro desiderio. Così potete mettervi al lavoro! Tenendo ben vivo davanti ai propri occhi questʼobbiettivo, formulate in maniera molto precisa il vostro desiderio – e già siete partiti per lo scopo!

La verità è, che un miracolo è sempre, solo e soltanto, un regalo, che ci viene dato e che ci sorprende, perchè non lo possiamo ‚fabbricareʻ noi stessi. Ma con la ‚nostra tecnicaʻ qui descritta, possiamo attirarlo. E se uno tiene duro, il successo è possibile. Non succede immediatamente; bisogna avere un pò di pazienza … ma una cosa è certa: intanto già il solo seguire questa via straordinaria è appassionante, eccitante e molto divertente.

Concretamente: Chi ci fa questo regalo? Perché? Cosa dobbiamo fare o come dovremmo comportarci perchè si adempi il nostro desiderio od il miracolo?

Inanzitutto: "Io": chi sono?

Quasi ognuno di noi pensa: "Io sono il mio corpo" e si identifica con il suo corpo. Ma questo è infatti soltanto una struttura contornata tutt'intorno da atomi. Il corpo evolve impercettibilmente ogni secondo, ma cambia nel corso degli anni totalmente e radicalmente. All'inizio è un uovo fecondato, poi un neonato, dopo un'adulto, ed alla fine ritorna ad essere polvere. Niente rimane, tutto il mondo è sempre in perpetuo divenire: nasciamo, ci trasformiamo e spariamo.

Gli atomi che oscillano sono costituiti dal nucleo atomico (protoni e neutroni = materia), dagli elettroni (guscio atomico) che orbitano attorno ad esso e da una quantità gigantesca di spazio vuoto. I fisici hanno dimostrato nel 20° secolo che questo spazio vuoto ha un rapporto di dimensioni di circa 100.000: 1 rispetto alla materia. Quindi siamo anche noi costituiti da 99,999999% di spazio vuoto e da solo un centomillesimo di materia.

Possiamo toccare il nostro corpo, ma solo perchè gli atomi oscillano in maniera velocissima. In realtà esiste un vuoto, non si può toccare niente. Non esiste niente. Ma allora chi – o che cosa sono "io" veramente?

Per i fisici quantistici, lo spazio vuoto non è veramente vuoto, ma è ‚energia meccanica quantistica'. In verità anch'io sono composto al 99,99 …% di energia, sono una ‚creatura energetica'. Si potrebbe dire che sono un essere energetico o semplicemente, sono coscienza.

Anche se qui nel nostro mondo mi identifico con il mio corpo, questo è solo lo strumento, con il quale conduco la mia vita. In verità la mia coscienza, una parte della coscienza onnicomprensiva, è ciò che mi personalizza in questo mondo. È la costante che mi accompagna dall'inizio alla fine della mia vita: sento, vedo, percepisco, odoro, penso, amo, imparo, cerco, invento qualcosa, mi ricordo … Sono la mia coscienza. Lo sono sempre stato e lo sarò sempre. La mia coscienza mi accompagna oltre la morte, nella vita eterna. Ma il mio corpo ridiventa terra.

Allora, cos'è il nostro mondo? Come funziona e come si può spiegare un miracolo?

Parte 1 Miracoli nel nostro mondo

Per tutti coloro che vogliono sapere.

Qualora questa Parte 1 fosse per voi diventata, a questo punto, prolissa, complicata, troppo religiosa oppure noiosoa, allora saltatela semplicemente!

Quindi è meglio entrare direttamente nella ,Parte 2'.

Qui si apprende brevemente ed in modo conciso ciò che viene trattato di più importante nella Parte 1'. Poi, nella Parte 3', ci si può direttamente dedicare alla pratica.

Più tardi, dopo i primi successi, si può recuperare la ,Parte 1'. Potrete realizzare cosi che tutto il nostro mondo è incredibilmente inafferrabile, affascinante, ed estremamente eccitante. Buon divertimento!

Il nostro mondo –
dal punto di vista della fisica quantistica

Che influenza possono avere le scoperte rivoluzionarie della fisica quantistica, sui miracoli mistici e misteriosi che accadono di tanto in tanto? Non ci crederete, ma riescono a chiarire il tutto – spiegano come sono possibili – portano luce nel segreto del miracolo. Lasciatevi sorprendere!

Scoperte: da uno a cinque:

Le scoperte della fisica quantistica sono per molti versi una sensazione. Per prima cosa, dobbiamo a loro tutta la tecnologia dell'informazione. Senza di loro, non ci sarebbero nè il telefono, e nè il computer o le lavatrici completamente automatiche. Inoltre ci mostrano un modo di comprensione dei miracoli, ed è su questo che ci concentreremo ora.

1. Scoperta: la formula $E = h \cdot f$ di Max Planck

Poiché, verso la fine del 19° secolo, la fisica classica aveva raggiunto i suoi limiti nella descrizione di oggetti fisici, come la luce, l'energia, la materia ed altri, si dovevano ora cercare e trovare nuovi modi. Nel dicembre del 1900, durante una conferenza ("Alla teoria della legge della distribuzione di energia nello spettro normale") Max Planck menzionò per la prima volta il termine ,quanti di energia'. Questo preciso momento viene considerato come la nascita della fisica quantistica.

Un quantum, detto anche particella leggera o fotone, è una parte dell'onda elettromagnetica (per es. luce, onde radio, raggi X). Non ha massa, ma un'energia che dipende dalla sua frequenza. Per eseguire una misurazione, Planck introdusse il "quanto elementare di azione", una nuova costante universale "h" con la formula: $E = h \cdot f$ (energia (E) = quanto elementare di azione (h) volte frequenza del fotone (f) – e ricevette per questo il Premio Nobel nel 1918).

Quel "quanto elementare di azione" è così significativo, perchè ha creato la base per i riconoscimenti rivoluzionari di altri premi Nobel, di fama mondiale in fisica, come Einstein, Heisenberg, Schrödinger ecc.

Così, negli anni 1905 e 1916, Albert Einstein cambiò le idee di spazio, tempo e materia con la sua teoria della relatività: $E = mc^2$ (energia = massa moltiplicata per la velocità della luce al quadrato) e Werner Heisenberg e Nils Bohr scossero, nel 1927, la convinzione di una materia solida, con l'Interpretazione di Copenhagen, un'interpretazione della meccanica quantistica.

2. Scoperta: la "coincidenza" di Werner Heisenberg

Finora, nella fisica classica, si doveva misurare solo un'onda o solo una particella, ma ora, in fisica quantistica, si devono misurare entrambi contemporaneamente, anche se non è possibile.

Le onde si diffondono nello spazio, mentre le particelle invece sono fisse in un posto. Dunque questo non permette di rispondere contemporaneamente a due domande diverse. Alla domanda del "dove", si dovrebbe rispondere, ubicando l'onda della materia in un posto fisso, come presso una particella, mentre, vice versa, alla domanda riguardante "l'impulso", si dovrebbe invece rispondere: presso un'onda. Ma che cos'è veramente l'onda di materia?

Nel 1927 Heisenberg ha sviluppato la "relazione di incertezza" (o il "principio di indeterminazione") per luogo ed impulso e, successivamente, per energia e tempo. Vuol dire che nelle misurazioni, non c'erano più, nè risultati individuali, nè una previsione esatta. Impensabile per la fisica classica del passato! La casualità e la coincidenza giocavano ora, improvvisamente, un ruolo.

Nella stessa direzione andava l'interpretazione della probabilità della funzione d'onda', proposta da Max Born. Dato che gli oggetti quantici, come gli elettroni od i quanti di luce, non sono particelle in modo univoco (dualismo onda-particella), è diventato, da allora, determinante, il tipo di misura eseguito.

3. Scoperta: ,L'osservatore' di Erwin Schrödinger

E qui entra in gioco il nuovo ruolo dell'osservatore. Erwin Schrödinger, guidò nel 1935 un esperimento mentale, diventato famoso sotto il nome di ,Schrödinger's cat'.

Immaginate un gatto in una scatola chiusa. Dentro ci sono anche una cassetta chiusa, con acido cianidrico, un atomo radioattivo, che si sbriciola al 50% in qualsiasi momento nell'arco di un'ora ed un martello. Se l'atomo cade, il martello viene messo in movimento, rompe il coperchio dell'acido cianidrico ed il gatto viene avvelenato e muore. Se invece non decade, allora rimangono: il coperchio chiuso ed il gatto in buona salute.

È solo nel momento in cui l'osservatore cosciente apre la scatola, che riusciamo a vedere se il gatto è morto o no. Ma prima che la scatola venga aperta – ed ecco che a questo punto la piccola storia diventa eccitante – il gatto è allo stesso tempo vivo e morto. Finché la scatola rimane chiusa, esistono entrambe le opzioni, allo stesso tempo, come realtà .

Solo l'osservatore cosciente, aprendo la scatola, trasforma una delle due possibilità in una realtà visibile.

Schrödinger ha dimostrato con il suo esperimento, che fin'al momento della misurazione, cioè fino a quando l'osservatore guarda nella scatola, in questa non vi è un risultato esatto, ma due realtà simultanee. Ha fatto riferimento alla relazione d´ incertezza di Heisenberg: l'elettrone è contemporaneamente ovunque, sia durante la rotazione intorno al nucleo che mentre viene spalmato. Cioè, il risultato è imprevedibile.

Che cosa significa tutto ciò per noi? Siamo noi, l'essere umano, l'osservatore, che può influenzare in modo significativo il risultato. Questo è rivoluzionario, davvero fantastico. È quindi la nostra grande possibilità di essere personalmente coincidenti e di potere influenzare la casualità. E così, un miracolo è possibile. Dobbiamo solo apprendere, come si fa esattamente. Quindi, ricordiamo la frase per dopo: "La fisica quantistica" è anche chiamata "fisica informativa"!

4. Scoperta: "l'entanglement quantico"

Dal momento del Big Bang, circa 13 miliardi di anni fa, come da un'unità originale, sono sorti la materia, lo spazio ed il tempo; sono tutti nel cosmo, e mischiati tra di loro; ciò significa che il tutto è connesso per sempre, energeticamente ed in modo informativo.

Pertanto, "pensieri, energia e materia, che sono tutti fatti di informazioni, hanno la proprietà di trasmettere informazioni infinitamente veloci e senza ritardi dagli uni agli altri" :(Hollerbach, vedi pag. 55).

Tali effetti fisici quantici vengono sperimentati oggi, in ogni momento ed ovunque, nella tecnologia dell'informazione: alla radio, al computer, alla televisione, sù quasi tutte le macchine.

Solo per la nostra vita umana, personale, non è stato ancora riconosciuto. Consistiamo anche noi da 99,99 ...% di energia. Perché non abbiamo notato che anche nelle nostre vite i cambiamenti funzionano attraverso le informazioni?

5. Scoperta: il linguaggio delle immagini e dei sentimenti

In ogni computer ed in tutte le moderne tecnologie, le informazioni si svolgono con la lingua del codice binario di uno e zero. Anche per noi, per i cambiamenti nella nostra vita, esiste un linguaggio dell'informazione nel campo dell'energia, un impulso che fa funzionare tutto: è il linguaggio delle immagini e dei sentimenti. Una volta che li usiamo, tutto può essere spostato e tutto può succedere.

Nella pratica ('Parte 3') si imparerà di più in merito e si eserciterà come comunicare in questo modo.

La materia non esiste.

Max Planck confermò nel 1944 la consapevolezza che non esiste materia in sé, ma solo un 'tessuto di energie, al quale è data la forma della mente intelligente'. Ecco riprodotta qui di seguito la sua dichiarazione:

"Egregi Signori, come fisico, che ha dedicato tutta la sua vita alla scienza sobria, allo studio della materia, sono certamente libero dal sospetto di essere considerato una persona dallo spirito confuso. Per cui voglio dire quanto segue, rispetto alla mia ricerca sull'atomo: la materia in sé non esiste. Tutta la materia sorge ed esiste solo grazie ad una forza che fa vibrare le particelle atomiche, rendendole così il più piccolo sistema solare del mondo intero. Ma poiché non c'è, né una forza intelligente, né un potere eterno nell'intero universo[..] dobbiamo considerare dietro a questo potere uno spirito cosciente ed intelligente. Questo spirito è la causa originale di tutta la materia. Non la materia visibile ma la transitoria è il reale, il vero, perché la materia non esisterebbe affatto senza lo spirito, ma lo spirito invisibile, immortale è la sola verità! [...] Così non esito a nominare questo misterioso creatore, così come tutti i popoli culturali della terra l'hanno chiamato già da millenni: Dio! In questo modo, il fisico che si occupa della materia, arriva, partendo dal regno della materia in quello di Dio. E così il nostro compito è finito, e dobbiamo trasmettere la nostra ricerca nelle mani della filosofia." (Archivio sulla storia della Max Planck Society, Dip. Va, Rep. 11 Planck, No. 1797)

Abbiamo visto che il nostro mondo non è in alcun modo stabile e durevole come abbiamo pensato che fosse finora. La casualità ('principio di indeterminazione') e l'osservatore (gatto di Schrödinger) influenzano attivamente il risultato. Le cose accadono, ma non come scientificamente previste. Per cui, comminciamo da ora in poi ad osservare "in una nuova maniera, cosciente".

La domanda importante è: "Quali sono le regole per un miracolo? Cosa dobbiamo sapere, apprendere per poterlo ricevere?"

Un altro modo di pensare

Albert Einstein ci guida su un nuovo percorso di comprensione. La sua famosa citazione: "Non possiamo risolvere i problemi con lo stesso tipo di pensiero che abbiamo usato quando li abbiamo creati", è una pietra miliare sulla via al miracolo. Indica che ci vuole molto di più di un buon senso per risolvere un problema. La nostra ragione ci dice: "Se non hai qualcosa, vuole dire che non ce l'hai. Quindi Punto." Ma questo è controproducente – perché vogliamo averlo. Secondo Einstein, dobbiamo spengere l'intelletto, dobbiamo superarlo, ingannarlo per arrivare ad un'altro modo di pensare. Bisogna andare ad una dimensione più alta per sperimentare il successo.

La dimensione superiore

La dimensione superiore è, con Einstein, il punto di svolta e di cerniera per i miracoli. Ma cos'è questa 'dimensione superiore'? Che cosa significa in realtà e come può essere utilizzata? Prima di tutto: la dimensione superiore supera tutto ciò che possiamo immaginare. Ha molti nomi, come il cielo o il paradiso (nel senso religioso, questo è il luogo del soprannaturale o divino), cosmo, universo, onnipotenza, sfera di energia, universo (nel senso fisico questa è la totalità dello spazio, del tempo e di tutta la sua materia ed energia). È un luogo di potenza assoluta, di tutto e per tutti, è ispirazione, motore e rifugio per Cristiani, Buddisti, Sciamani, Artisti, Filosofi, Scienziati, Atleti, insomma per tutti. È un potenziale illimitato. Qui i problemi possono essere risolti ed i miracoli possono sorgere ed accadere. Tutti coloro che la conoscono, la usano del tutto coscientemente. È quindi – nel nostro contesto – il ‚luogo del nostro desiderio‘.

Appena abbiamo imparato a catapultarci in questa dimensione superiore ed a metterci le informazioni appropriate (nel linguaggio delle immagini e dei sentimenti, la ,nostra lingua di informazione') e fare tutto per ,bene', allora è possibile che si possa sperimentare un miracolo.

I miracoli sono sempre il dono di un potere più alto, non importa come lo si chiami. Noi stessi non possiamo fare nulla da soli – ma possiamo diventare magnetici per un miracolo: agiamo il più spesso possibile in questa dimensione superiore (vedi "La pratica"). Una volta che abbiamo accesso al mondo spirituale, apprendiamo e capiamo che tutto è uno. A questo livello, inizia la beatitudine.

La cosa affascinante è, che la cognizione di Einstein di risolvere problemi ad un livello superiore, si trova decisamente in quasi tutte le religioni. Da sempre ed ancora oggi, tutti s'inalzano, in maniera intuitiva, per pregare, meditare o cadere in trance. I Cristiani pregano per avvicinarsi a Dio e chiedergli di esaudire i loro desideri. I Buddisti meditano per raggiungere l'Illuminazione ed il Nirwana, che rappresentano la più eccelsa felicità e gli Sciamani entrano in trance per potere effettuare dei miracoli.

Oggi invece, sempre di più ,coloro che cercano una ´dimensione superiore' prendono la droga per aumentare la creatività o per dimenticare semplicemente i loro problemi ; si sentono "high" ma è un dramma perchè sono sulla via sbagliata. Con la droga rovinano la loro salute e spesso la loro bella vita.

Ci sono tanti modi per raggiungere la felicità. Ma perché personalmente non sperimentiamo quasi mai un miracolo? Che cosa non abbiamo ancora riconosciuto – perché brancoliamo nel buio? Sembra che ci manchino alcuni elementi costitutivi molto importanti. Sembra che c'è un segreto nascosto che ci disturbi, che ci impedisce di raggiungere un miracolo – che diavolo è? C'è un 'qualche cosa' che dobbiamo ancora scoprire.

Ma prima diamo un'occhiata alle meraviglie, ai miracoli che esistono nel cristianesimo, nel buddismo e nello sciamanismo. Durante l'analisi, acquisiremo saggezza e conoscenza rivoluzionarie e scopriremo anche il motivo del nostro blocco all'incontro del miracolo. Dopo di che siamo pronti per la pratica.

n'occhiata veloce, importante per la nostra comprensione dei miracoli.

F i s i c a q u a n t i s t i c a * Non c'è materia in sé (Planck: "quanto elementare di azione"): tutto è possibile. * La casualità gioca un ruolo (Heisenberg: principio di indeterminazione). * L'osservatore decide il risultato (Schrödinger: esperimento mentale). * Le informazioni sono prese in maniera infinitamente veloce (impulso degli uomini: il linguaggio, delle immagini e dei sentimenti). * La dimensione superiore è il 'luogo' in cui i problemi sono risolti. '(Einstein) * La luce è l'energia pura, con massa a riposo ‚0'

Il nostro mondo –
dal punto di vista del cristianesimo

Le seguenti due citazioni bibliche contengono, in teoria, tutto il mistero di un miracolo: [Gesù disse]: *"23 In verità io vi dico che chi dirà a questo monte: Togliti di là e gettati nel mare, se non dubita in cuor suo, ma crede che quel che dice avverrà, gli sarà fatto. 24 Perciò vi dico: Tutte le cose che voi domanderete pregando, crediate che le avete ricevute, e voi le otterrete."* (Marco 11, 23-24) Ed anche: Gesù disse ai discepoli: "11 Perché a voi è dato di conoscere i misteri del regno dei cieli, ma a loro non è dato. 12 Cosi a chi ha, sarà dato e sarà nell'abbondanza; ed a chi non ha, sarà tolto anche quello che ha." (Matteo13, 11-12)

In un primo momento queste parole possono sembrare un poco ‚misteriose', per lo meno sorprendenti. Ossia, dovremmo avere già ricevuto in anticipo quel che vorremmo ricevere più tardi? Questa è una dichiarazione inaspettata, incredibile, è un vero paradosso. Ma, un poco più tardi in questo libro, questa tesi apparirà nella sua piena logica. Quindi, appena raggiunta ed accettata questa comprensione, saremo pronti per ricevere un miracolo.

Miracoli nel cristianesimo

Grazie alla Bibbia, conosciamo dei miracoli spettacolari. Gesù Cristo ha trasformato l'acqua in vino (Giovanni 2, 1-12), ha guarito lebbrosi (Marco 1, 40-45), paralitici (Marco 2, 1-12), ciechi ((Marco 8, 22-26), ha saziato quattromila persone con sette pani e pochi pesci (Matteo 15, 32-39), ha anche risuscitato Lazzaro (Giovanni 11, 1-44) e lui stesso risorgeva a Pasqua (Matteo 28, 5-6).

Ed ecco le parole di Gesù a tale proposito: "27 Questo è impossibile agli uomini, ma non a Dio, perché ogni cosa è possibile a Dio". (Marco 10, 27 e simile da Luca 1, 37) e "Ogni cosa è possibile a chi crede." (Marco 9, 23)

La chiesa cattolica riconosce lo statuto di luogo miracoloso, per cui sovranaturale, anche a dei luoghi come nel caso di Guadalupe, Lourdes ed alcuni altri, dove hanno avuto luogo delle apparizioni mariane. Il più delle volte, la Vergine Maria compare ad una o più persone, talvolta anche durante un periodo, parla con loro e consegna loro un messaggio. Dopodichè, in questo luogo, cominciano ad accadere miracoli.

Guadalupe

A Guadalupe, nel 1531, Maria apparve ad un' indio, nativo azteco del Messico, con la richiesta di costruire una cappella per lei. Il vescovo responsabile chiese un segno da parte di Maria per potervi credere. Il giorno dopo, – in pieno inverno – l'indio raccoglieva nel suo cappotto , su ordini di Maria, dei fiori profumati che diffuse poi, davanti ai piedi del vescovo. Improvvisamente, apparve sulla stoffa del cappotto, un'immagine della Madre di Dio, conosciuto come il ‚Tilma di Guadalupe‘. A questa immagine vengono attribuiti, oggi, innumerevoli miracoli. A quell'epoca, otto milioni di aztechi si convertirono al cristianesimo. Anche oggi il ‚Tilma di Guadalupe‘ è una delle più famose immagini di grazia nel mondo. La chiesa dove è conservata, è il più grande sito di pellegrinaggio del mondo.

Lourdes

Anche Lourdes, una città francese nei Pirenei, è uno dei luoghi di pellegrinaggio più visitati del mondo. Nel 1858 la Vergine Maria apparve ripetutamente ad una quattordicenne, Bernadette Soubirous, in una nicchia, nella parte superiore di una grotta. Durante una visione, Bernadette scopriva una fonte nella grotta, le cui acque sono risultate poi essere eccezionalmente curative. Maria chiese a Bernadette di domandare al prete di costruire una chiesa, in questo luogo, allo scopo di eseguire delle processioni. In un primo momento, il prete, viste le povere condizioni in cui viveva Bernadette e la sua mancanza di educazione, pensò che fosse pazza. Ma poi, quando alla domanda del prete che gli chiese il nome dell´apparsa, ella rispose con il nome di Maria, seguito da "Io sono l'immacolata concezione", il prete fu profondamente scosso. Ed è stato proprio questo dogma dichiarato da Papa Pio IX nel 1854 a convincerlo! Anche questo è la prova di un miracolo, visto che Bernadette non aveva mai potuto sentire tale informazione da nessuna parte. La prima chiesa fu costruita tra il 1862 ed il 1866. Da allora, innumerevoli visitatori sono venuti in pellegrinaggio alla grotta di Lourdes per pregare, partecipare alle processioni, bere acqua e fare il bagno nell´ acqua – il tutto sperando nel miracolo della guarigione. Delle 7.000 guarigioni registrate nell'ufficio medico del Vaticano, la chiesa cattolica ne ha riconosciute già 70 come essere il risultato di un miracolo.

Chiesa ortodossa

Nella chiesa ortodossa ed in quella copta, i fedeli adorono, omaggiano e implorano le miracolose icone di Maria. La più famosa icona russa è la ‚Madre di Dio di Vladimir'. Per lungo tempo è stata perfino considerata il luogo principale di pellegrinaggio di tutta la Russia. Aveva aiutato il granduca Dimitri nel1380, rendendolo vittorioso contro i tartari, alla battaglia di Kulikov sul Don. Anche Ivan IV aveva insistito sul suo potere miracoloso e sconfisse nel 1552 i tartari di Crimea. All´inizio del 12.mo secolo, l'icona provenne da Bisanzio, fu conservata al Cremlino, ed oggi si trova nella Galleria Tretyakov a Mosca.

Miracoli per noi

A questo punto abbiamo visto che esistono dei miracoli. Ma come succedono? E come funzionano? Diamo un'occhiata al più grande miracolo in assoluto, l'emergere del mondo. Come è scritto nella Bibbia? *"1 In principio era il Verbo, il Verbo era presso di Dio ed il Verbo era Dio. … 3 tutto è stato fatto per mezzo di lui, e senza di lui niente è stato fatto di tutto ciò che esiste. 4 In lui era la vita e la vita era la luce degli uomini;"* (Giovanni 1, 1,3,4)

Dunque il Verbo, sinonimo di Dio, ha, secondo la Bibbia, creato il nostro mondo. Questo "verbo" della Bibbia rispecchia ancora "la prima energia" dello spirito eccelso ed intelligente, l'inizio della materia" (Max Planck vedi sopra) della Fisica Quantistica.

Come continua la Bibbia? *"14 Ed il Verbo si fece carne e venne ad abitare in mezzo a noi; e noi vedemmo la sua gloria, gloria come di unigenito dal Padre.."* (Giovanni 1, 14) La ,carne' significava Gesù Cristo; vuol dire che lui era la parola di Dio che è diventato carne. Gesù consapevole della sua divinità disse: *"Io ed il padre siamo uno."* (Giovanni, 10, 30) In questo senso, in quanto Dio, ha potuto compiere tutti i suoi miracoli – direttamente ed immediatamente.

Gesù ha detto – per aprirci gli occhi: *"Io sono la vite, voi siete i tralci. Colui che dimora in me e nel quale io dimoro, porta molti frutti; perché senza di me non potete far nulla. … 7 Se dimorate in me e le parole dimorano in voi, domandate quel che volete e vi sarà fatto."* (Giovanni 15, 5, 7) Cosa significa esattamente? Gesù vuole dirci così, che anche noi siamo divini – ma solo sotto certe circostanze:

Fintanto che la linfa del vitigno scorre nella vite, tutta la pianta è sana e può dare i suoi frutti. Lo stesso vale per noi. Appena noi, i tralci, abbiamo contatto con la vite, che è Dio, siamo ,UNO con Dio', siamo divini anche noi. Con la consapevolezza di questa ,nostra divinità' anche per noi, dunque, il miracolo è possibile. Ma attenzione: la frase: "Senza di me non potete fare nulla" afferma chiaramente, che non possiamo realizzare nulla da soli. La ,nostra divinità' esiste solo in connessione diretta con Dio, nella dimensione superiore.

Nota: Questo accesso alla dimensione superiore 'UNO con Dio' si applica ai cristiani. Ogni religione ha la sua strada. Incontrerete altri modi.

La notizia eccitante, che anche noi possiamo attivamente dare il via ad un miracolo, ci dà coraggio! E poiché ciò è possibile solo nella dimensione superiore, dobbiamo riuscire ad arrivarci. Questo accesso, tuttavia, è come se fosse stregato. In qualche modo, non ci riusciamo. Qualcosa ci sta bloccando e da qualche parte la strada è ancora bloccata.

Esiste un misterioso ostacolo che ci trattiene di raggiungere la dimensione superiore? Che cosa può essere, chi o che cosa?

Accendete i riflettori! Ed ecco la sorpresa: non ci crederete: è semplicemente la nostra mente che pensa. Il ,pensare' è l'assoluto guastafeste, è il nostro segreto e risoluto obiettore dei nostri miracoli, che fa il diavolo a quattro per impedirci di essere ,UNO con Dio'.

Una volta ho sentito dire che la parola ,peccato' ha, in una non sò più quale lingua,la sua etimologia nel concetto di ,separazione'. Ed è proprio questo, quel che fa la nostra ,mente pensante': vuole separarci da Dio.

Non appena iniziamo una meditazione od una preghiera intensa, la mente ci si immischia subito. Pensa a questo e quello, ci ricorda a …, si arrabbia per..., sogna di.... In poche parole, fa la pazza, ci vuole semplicemente distrarre dalla meditazione (chiamata anche Silenzio, Vuoto, ecc...). C´è da impazzire!

Provate a meditare – e questo è ciò che accadrà:

I miracoli possono solo funzionare nel vuoto della dimensione superiore alla quale affidiamo le nostre informazioni (immagini e sentimenti) – vedi ,Parte 3 – La pratica', dove utilizzeremo un metodo con il quale supereremo, con astuzia, la nostra mente.

Un miracolo potrebbe succedere nel modo seguente:

Quando si va, per esempio, in pellegrinaggio a Lourdes e si spera in un miracolo, si prega sicuramente intensamente durante la processione, davanti alla grotta della Madonna, durante la messa in basilica, quando si beve l'acqua santa, insomma ovunque uno vada e si trovi, per cercare di diventare ,UNO con Dio'.

E così, impressionati da tutta questa atmosfera spirituale, ispirante ed appassionante, un pò inebriati da tutto ciò, vi dirigete verso le piscine piene dell´acqua curativa, sperando in un miracolo. Adesso, elevati nella dimensione superiore, siete "UNO con Dio" nella coscienza della sua divinità e nella certezza ‚di essere già guarito‘ (questa certezza dell´ESSERE GIÀ guarito, è il segreto del miracolo (Matteo 13,11-12)). Ed è con sentimenti di gioia e di gratitudine (la nostra lingua dell'informazione nel settore energetico) che si va a fare un bagno nell‘ acqua curativa.

La brusca immersione del malato avvolto in un panno, da parte del personale infermiere specializzato nella piscina con acqua curativa gelata, procura al malato un shock gelido. Questo ‚momento dello ‚shock‘ è assolutamente travolgente, commovente e così spettacolare che il respiro si blocca per un´attimo e spesso si finisce per piangere spontaneamente. E proprio in questo momento può capitare il miracolo – i miracoli accadono sempre nell´infime momento di spacco o divariazione del pensiero. Un miracolo si può produrre subito o spontaneamente, ma può anche avvenire in un secondo momento.

La cosa la più importante è la felice incrollabile certezza di ESSERE GUARITI (la visione gioiosa e gratissima di essere di nuovo sano): non dovete mai più dubitarne.

Un´occhiata veloce – importante per la nostra comprensione dei miracoli

Fisicaquantistica * Non c'è materia in sé (Planck: "quanto elementare di azione"): tutto è possibile. * La casualità gioca un ruolo (Heisenberg: principio di indeterminazione). * L'osservatore decide il risultato. (Schrödinger: esperimento mentale) * Le informazioni sono prese in maniera infinitamente veloce. (impulso degli uomini: il linguaggio delle immagini e sentimenti) * La dimensione superiore è il 'luogo' in cui i problemi sono risolti. '(Einstein) * La luce è l'energia pura con massa a riposo ‚0'

C r i s t i a n e s i m o: * Nella preghiera profonda – in ‚unità con Dio' (Giovanni 15,5: "Io sono il vitigno, voi siete le viti") sperimentiamo la nostra divinità – quindi i miracoli sono possibili. * Devo già avere affinché io possa ricevere. (Bibbia, Matteo 13) * La mente impedisce l'accesso alla dimensione superiore. (dove i miracoli accadono)

Il nostro mondo –
dal punto di vista del buddismo

Anche nel buddismo accadono incredibili miracoli. Paramahansa Yogananda, un gurù indiano (insegnante spirituale) del 20 ° secolo, racconta nella sua "Autobiografia di uno Yogi" storie avventurose ed assolutamente fantastiche di due carismatici "super santi", di Mahavatar Babaji e Lahiri Mahasayas. Questi poterono guarire, galleggiare, apparire o scomparire all'improvviso fuori dal 'Nulla' o nel 'Nulla' o materializzare dal nulla grossi oggetti. (Paramahansa-1, pag. 311-333). Egli incontrò personalmente molti santi, come uno che aveva il dono dell´ ubiquità, ossia che riusciva ad essere presente in due posti contemporaneamente (Paramahansa-1, pag. 22-28) ed uno che non dormiva mai. (Paramahansa-1, pag. 136-142).

Come è possibile? Paramahansa lo spiega in questo modo: "*Fiat lux!* E la luce fù! Il primo ordine impartito da Dio alla propria ben ordinata creazione (Genesi 1,3), diede origine all'unica realtà atomica: la luce. Ed è lungo i raggi di questo mezzo immateriale che hanno luogo tutte le manifestazioni divine. [...] Lo yogi che, attraverso la meditazione perfetta, ha fuso la propria coscienza con il Creatore, percepisce l'essenza cosmica come pura luce; per lui non vi è alcuna differenza fra i raggi luminosi che compongono l'acqua ed i raggi luminosi che compongono la terrra. Libero dalla coscienza materiale, libero dalle tridimensionialità dello spazio e dalla quarta dimensione del tempo, un maestro trasferisce il proprio corpo di luce, con pari facilità, attraverso i raggi luminosi della terra, dell'acqua, del fuoco o dell'aria. [...] La legge dei miracoli [:] maestri che sono in grado di materializzare e smaterializzare il proprio corpo o qualsiasi altro oggetto, di muoversi alla velocità della luce o di utilizzare i raggi di luce per rendere instantanteamente visibile qualsiasi manifestazione fisica, hanno soddisfatto la necessaria condizione einsteiniana: la loro massa è infinita." (Paramahansa-1, pag. 266-267). La domanda irresistibile sorge spontanea: "Come hanno fatto i maestri, a salire a questo livello di coscienza?" È meglio partire dall'inizio.

Siddhartha Gautama

Siddhartha Gautama, figlio viziato di un principe indiano, vidde, durante un viaggio nel suo paese, l'orribile sofferenza della sua popolazione. Era così sciocato e sconvolto che, all'età di 29 anni, lasciò la sua patria per scoprire come potrebbe salvare il mondo da tutta questa sofferenza.

Da allora, visse nel più rigoroso ascetismo, imparò la pratica yogica e la meditazione dagli eremiti Brahmani, e fece ogni sforzo per raggiungere la via della liberazione. Finalmente, dopo sei anni di meditazione sotto un pioppo salice, il cosiddetto albero 'Bodhi' e, vivendo nella più profonda immersione in attesa del suo 'risveglio', raggiunse poi la sua illuminazione intorno al 500 av.C..

Aveva scoperto la sua strada: le 'Quattro Nobili Verità' e gli esercizi del 'Nobile Ottuplice Sentiero'. D'ora in poi, viaggiò per 45 anni come "Buddha" (il risvegliato), attraverso l'India ed insegnava la 'sua strada': di come uscire – con la meditazione – dal mondo della sofferenza, dell'odio e come raggiungere la virtù e la saggezza. Tra i suoi successori ci furono molte incarnazioni dell'Altissimo, come i Dalai Lama, i Panchen Lamas ed i Karmapa.

Che cosa vi è di speciale nel Buddismo? Perché ha affascinato grandi parti del nostro mondo per oltre 2.500 anni? La preoccupazione principale di Siddhartha Gautama era di liberare le persone dalla sofferenza. Tuttavia il suo 'risveglio' lo aveva portato ben oltre: gli aveva dato la conoscenza del contesto di tutto il mondo, l'illuminazione. Questa illuminazione a sua volta significa, per chi riesce a ripeterla, la beatitudine assoluta – chi non la desidera?

Il karma

Per quale motivo, anche oggi, così tante persone vivono in tutto il mondo in povertà e bisogno, nella più profonda sofferenza? Pensiamo spontaneamente: "Questi sfortunati, questi poveracci non hanno nessuna colpa per la di loro così terribile situazione. Perché sono venuti al mondo, nella loro miseria, così arbitrariamente e così spietatamente? È crudelmente ingiusto. Geshe Kelsang Gyatso, nato in Tibet ed ora residente in Occidente, ce ne offre una sua risposta Buddista. Dice che nelle scritture buddiste, i nostri corpi sono paragonati ad una locanda ed il nostro spirito, ad un ospite che vi si sofferma. Quando muoriamo, il nostro spirito lascia il nostro corpo e se ne va nella prossima vita. (Gyatso, vedi pag.15) Il corpo si decompone alla morte, ma la continuità dello spirito non si interrompe. (Gyatso, vedi pag. 19) Che ruolo ha questo ‚spirito' che ci accompagna in ogni altra vita? Secondo Gyatso, è il portatore del nostro karma.

Che cos'è il karma (in sanscrito vuol dire: ‚azione') e che cosa ha a che fare con le persone tanto sofferenti? Geshe Kelsang Gyatso dice "che tutti gli atti progettati sia corporei, verbali che mentali, provengono da una precedente intenzione mentale (come la rabbia, l'odio, l'invidia, il risentimento, l'avidità od altro come la generosità, la moralità, la pazienza) (Gyatso, vedi pag.29). Poiché non agiamo mai senza questa intenzione, siamo sempre pienamente responsabili di tutto ciò che pensiamo, diciamo e facciamo. Queste "azioni' sono la nostra libera decisione personale e per questo motivo vengono coerentemente salvate, come "il nostro karma", viventi nello spirito – al di là della morte.

Le persone nate in povertà, miseria e sofferenza si portano quindi appresso, un gigantesco bagaglio karma. Il dramma è che, in effetti, in questa vita non hanno fatto nulla di male. Devono invece ora pagare per quelle cose orribili che hanno fatto nelle loro vite precedenti. (Domanda: "Chi era quel bastardo che mi ha guastato in questo modo la mia vita attuale?") Sembra molto ingiusto, sì, si tratta veramente di un principio subdolo e cattivo.

La domanda più importante è: come uscirne da questo pasticcio – Esiste un modo per salvarsi? La risposta buddista è "la meditazione è la chiave della felicità."

Prima di passare alla meditazione, faremo una piccola revisione intermedia. Che cosa abbiamo imparato da questa cognizione? Per primo, da ora in poi, dobbiamo tutti ‚preparare' la nostra prossima vita, in maniera consapevole. Sembra un pò pazzesco, ma cosa non si fa?. Da oggi in poi, dovremmo sforzarci di avere solo splendide intenzioni spirituali e dovremmo costantemente controllare le nostre azioni mentali, verbali e fisiche. Da oggi, sono permesse solo azioni con splendide intenzioni spirituali. Per cui dobbiamo continuamente controllare come ci esprimiamo e come ci muoviamo, se sono in accordo con le regole della morale e della virtù. Soltanto così, la nostra prossima vita sarà eccezionale!

Gyatso lo spiega così: "Le buone azioni e le virtù sono la ragione principale per una rinascita nelle alte sfere e per la futura buona fortuna, mentre le cattive azioni e cattiverie sono la ragione per la rinascita nelle sfere inferiori e per le sofferenze del futuro (Gyatso, vedi pag. 30)

Conclusione per il nostro modus vivendi: sono vietati la rabbia, l'odio, l'invidia, il risentimento e l'avidità … sono tutti negativi – son da cancellare! Quindi decidiamo d'ora in poi di essere amabili, fedeli, generosi, etici, collaborativi – e la nostra prossima vita sarà fenomenale e fantastica – Tombola!

Ma non è così semplice! L'invidia, l'odio od il risentimento possono sempre attaccarci, ed a volte anche dolorosamente. Dopotutto, siamo degli esseri umani, con sentimenti forti. Come si fa a tenerli tutti sotto controllo? La risposta dei buddisti è sempre, e di nuovo, la stessa per tutti i problemi: "con la meditazione è possibile".

La meditazione

Come possiamo immaginare una meditazione buddista? Qual è l'obiettivo e qual è il segreto?

Il primo obiettivo della meditazione è la spensieratezza, l'accesso alla dimensione superiore. In pratica probabilmente lo realizziamo più facilmente con l'aiuto di esercizi respiratori: osserviamo – al massimo grado di concentrazione – ancora e ancora – il nostro respiro, mentre scorre dall'interno all'esterno e attraverso il naso. Ma questo esercizio non è affatto facile – anzi, è persino incredibilmente difficile. Ma il perchè lo sapete: perchè i nostri pensieri continuano ad immettersi, e noi non riusciamo a resistere. Gyatso ci parla di due tipi di meditazione: la prima è la "meditazione analitica" (pensiero profondo su uno degli insegnamenti buddisti) che è la più usata, e la seconda è la 'meditazione ispirata' (il sorgere di un virtuoso stato mentale). (Gyatso, vedi pag. 49). Inoltre esiste anche una meditazione avanzata, il ciclo delle 'ventuno meditazioni'. (Gyatso, vedi pag. 52).

Il secondo obiettivo della meditazione è la liberazione dal karma. Quando i cristiani chiedono il perdono dei loro peccati, lo chiedono perchè, nel loro caso, si tratta di azioni commesse da loro stessi. Sono stati "persone scorrette", allora devono pentirsene e per questo espiare. Al contrario, i buddisti portano con sé il 'peso dei peccati' delle loro vite passate. Non possono neppure conoscere i loro peccati, quindi il vero pentimento.

Per cui per loro, il pentimento e l´espiazione sono assolutamente astratti. Per questo motivo, ci vuole un approccio filosofico molto diverso con la domanda fondamentale: "Chi sono io, chi ero io, chi sarò?".

La risposta a questa domanda del 'io' può essere trovata nella 'verità dell'assenza di ego' (vedi sotto). Non appena l'abbiamo capito insieme alla 'verità del vuoto' (vedi sotto) – queste due saggezze buddiste fanno un salto di quanti per la nostra comprensione della dottrina buddista – possiamo ottenere qualsiasi cosa grazie alla meditazione. Ossia, possiamo liberarci dal male karma e persino addirittura dal ciclo della rinascita. Possiamo – come ultima conseguenza – sperimentare la nostra stessa divinità nell' illuminazione, nel nirvana, nella beatitudine. In questo stato, ogni sofferenza finisce ed ogni miracolo è possibile. Una volta interiorizzata queste 'verità', si scopre l'intero segreto.

La non esistenza dell´io – o l'assenza di ego

Come prima cosa, dobbiamo renderci conto che il nostro ego non esiste affatto. Geshe Kelsang Gyatso lo descrive in questo modo: Poiché diciamo ‚il mio corpo' e ‚il mio spirito‘, l'io non può essere né il corpo né lo spirito. Inoltre l'accumulo di corpo e spirito non può essere ‚io', perché in un branco di mucche nessun animale è una pecora, quindi neanche lo stesso branco è una pecora. Se noi immaginiamo che il nostro corpo e la nostra mente scompaiono completamente, allora niente rimane di ciò che potremmo chiamare l'"io'. Ne consegue che l'"io' non è una disconnessa di corpo e spirito. Dal fatto che non esiste una quinta possibilità, dobbiamo concludere che l' 'io' non esiste. (Gyatso, vedi pag. 132ff)

Per il 14 ° Dalai Lama del nostro tempo, Tenzin Gyatso, la fonte di ogni sofferenza si trova nella fede dell'esistenza di un ,ego'. Dice che questo è decisamente negato nel buddismo.(Dalai Lama,vedi pag.28) Secondo lui tutti i buddisti affermano la necessità di intuire l'inesistenza o la vacuità dell'ego. (Dalai Lama, vedi pag.79) Pertanto, egli vede anche oggi il punto centrale del buddismo nella pratica spirituale della meditazione, poiché ci conduce in questa ,assenza di ego', in uno stato al di là di ogni dolore, che chiamiamo con la parola sanscrita "Nirvana", (vera pace). (Dalai Lama, vedi pag. 38)

L'esperta di cultura tibetana Alexandra David-Néel (* 1868-1969) afferma che la salvezza è la liberazione dal ciclo di rinascita ed il nirvana è l'estinzione della credenza nell'esistenza dell' io. Dice che il migliore modo è di liberarsi dall'ego nella vita. (David-Néel, vedi pag. 78) Dice anche che lo yoga è la soppressione del movimento dello spirito, il nirvana è l'estinzione dell'attività costruttiva della nostra immaginazione e le nostre idee sono le nostre catene d'oro (buone) e di ferro (cattive), che rompiamo quando ci liberiamo dell' ,io'. (David-Néel, vedi pag. 82)

Quindi, per i buddisti, l'uomo consiste in un solo corpo ed in un solo spirito (buddismo: ,spirito', fisica quantistica:

‚coscienza', cristianesimo: ‚anima'), l'io è un'illusione. Il corpo si decompone con la morte. Lo spirito salva tutto ciò che sentiamo come "io", ciò che ci rende personale, ciò che abbiamo pensato, detto e fatto di buono o di cattivo – come karma. L'‚io' scompare con la morte. Nella prossima vita avremo un nuovo io, una nuova illusione.Per capirlo, dobbiamo conoscere ora il "vuoto".

Il vuoto

Poiché il mondo è costituito da atomi, siamo convinti che tutto intorno a noi sia fisso e stabile. Ma, attenzione, viviamo in un' illusione! Gli elettroni che ruotano velocemente intorno al nucleo atomico creano un cosiddetto guscio di elettroni, dandoci così l´impressione di essere circondati da materia compatta. Infatti tutto ciò che possiamo toccare è costituito da 99,9999..% da spazio vuoto (energia) e solo da 0,0000..1 % da materia. Ma in realtà non c'è quasi niente, solo energia! Tutti i fenomeni cambiano continuamente. Nel momento in cui li percepiamo, sono già di nuovo cambiati! In ogni frazione di secondo, appare una nuova istantanea di ciò che crediamo essere la realtà. Ci immaginiamo in un mondo stabile, ma in verità viviamo in una pseudo realtà, nel vuoto.

Secondo Yongey Mingyur Rinpoche, un tibetano che vive in esilio (* 1975 – era il più giovane maestro di meditazione tibetano all'età di 17 anni), il vuoto è "la realtà dietro la realtà, la base che rende tutto possibile". (Mingyur, vedi pag. 100)

È anche chiamata "la verità ultima". Alexandra David-Neel scrive: "Crediamo nella realtà del mondo e gli diamo una sorta di pseudo-realtà. In verità, la realtà si irradia da noi ed esiste in dipendenza dall'illusione. "(David-Neel, pag: 50). Geshe Kelsang Gyatso osserva anche: "La verità ultima è il vuoto. La vacuità non è niente, ma la mancanza di esistenza inerente. Attraverso la nostra mente auto-aggrappata, proiettiamo falsamente un'esistenza intrinseca su tutti i fenomeni. [...] Questa è la ragione fondamentale per cui siamo nel samsara [nel ciclo di rinascite]. (Gyatso, vedi pag. 129).

Mingyur descrive il vuoto come segue: Il vuoto è la base che rende tutto possibile. Molti dei primi traduttori di testi buddisti dal sanscrito e dal tibetano interpretarono il "vuoto" come "il nulla". Erroneamente equiparano il concetto del vuoto o di vacuità all'idea che nulla esista. Niente potrebbe essere più lontano dalla verità che il Buddha ha cercato di descrivere. Il Buddha ha insegnato che la natura della mente – sì, la natura di tutti i fenomeni – è il vuoto, ma non significa che sia veramente "vuoto" come un vuoto. Quindi, quando noi buddisti tibetani parliamo di vuoto, non intendiamo ,nulla', ma un potenziale illimitato, grazie al quale tutto può apparire, cambiare o scomparire.

Forse possiamo paragonarlo a ciò che la fisica moderna ha imparato sugli strani e meravigliosi fenomeni, che osservano nel loro studio dei meccanismi interni di un atomo. In questo stato di vuoto [questo è ciò che i fisici chiamano la base da cui sorgono tutti i fenomeni subatomici], le particelle appaiono e scompaiono continuamente. Quindi questo stato apparentemente "vuoto" è in realtà molto attivo e pieno di potenzialità per poter produrre qualsiasi cosa. Poiché la natura o l'essenza della nostra mente è il vuoto, abbiamo la capacità di percepire e sperimentare una varietà potenzialmente illimitata di pensieri, sentimenti e sensazioni. "(Mingyur, vedi pag. 100-102)

Il Dalai Lama cita le misteriose parole del Buddha nel › Sutra del Cuore ‹ : ‚La forma è vuota, il vuoto è forma.' (Dalai Lama, vedi pag. 81) ed il testo del secondo secolo nel "Sutra della perfetta saggezza" del filosofo buddista Nagarjuna: ‚La forma non è vuota di vuoto, la forma stessa è questo vuoto.' (Dalai Lama, vedi pag. 82) e ‚Quando abbiamo riconosciuto tutti i fenomeni come vuoti, allora solo le cause e gli effetti possono essere il karma ed il suo frutti. È un grande miracolo, più meraviglioso del più meraviglioso, più sorprendente del più sorprendente. È proprio questa mancanza di autoesistenza, questo vuoto, che consente alle cose di funzionare – solo per questo possono essere prodotte o produrre qualcosa da sole.' (Dalai Lama, vedi pag. 122) e ‚Tutto nel regno dell'esistenza, indipendentemente dal fatto che sia prodotto o immaginato, esiste solo come una semplice imputazione. È nei fenomeni che costituisce il loro vuoto.' (Dalai Lama, vedi pag. 121).

La luce

Anche Paramahansa Yogananda, un buddista del 20.mo secolo, riconosce la nostra vita in questo mondo come 'vuotezza', come pura illusione. Secondo lui, il cosmo fisico si dissolve nel non nulla e descrive la sua sostanza come pura luce. Egli paragona la nostra vita ad un film che si svolge sulla tela della coscienza umana.

Tutti i cambiamenti vengono suscitati dalla forza dell´immaginazione e dal volere. Egli lo spiega così: Così come il film dà l'apparenza di una realtà, –ma in effetti è nient'altro che una combinazione di luce ed ombra- , così l'universo multiforme dà l'apparenza della realtà, –ma è solo fatto di illusioni- . Tutti gli eventi transitori che sembrano momentaneamente reali ai cinque sensi dell' uomo, vengono portati sulla tela della coscienza umana dagli infiniti creativi raggi di luce. (Paramahansa-1, pag. 353). Secondo lui, ci si può fare confermare dalla scienza che non esiste un´universo materiale (...) Tutti i cambiamenti, secondo lui, sono evocati dal potere dell'immaginazione e della volontà. Dice che ogni persona che ha riconosciuto la propria realizzazione è la sostanza della creazione e può applicare la legge che sta alla base di tutti i miracoli: "Un maestro, grazie alla sua conoscenza divina dei fenomeni della luce, può proiettare instantanamente in manifestazioni percettibili gli atomi di luce omnipresenti.

La forma effettiva di tale proiezione – sia essa un albero, una medicina od un corpo umano – corrisponde ai poteri di volontà e visualizzazione dello yogi." (Paramahansa-1, pag. 267) L'uomo ed il mondo sono stati creati per un solo scopo: l'uomo deve superare l'illusione di Maya (l'inganno) e diventare consapevole del suo potere sul cosmo. Paramahansa descrive come una volta galleggiò: "Sollevando lo sguardo, notai che il soffitto era punteggiato da piccole luci color senape, che scintillavano e tremolavano con la luminescenza del radio. Miriadi di raggi tratteggiati, simili a rivoli di pioggia, si raccolsero in un fascio trasparente e si riversarono silenziosamente su di me. Subito il mio corpo fisico perse la propria consistenza materiale e si tramutò in una struttura astrale. Percepii una sensazione fluttuante quando, sfiorando appena il letto, il mio corpo, privo di peso, iniziò ad oscillare leggermente ed alternatamente a sinistra ed a destra. […] Rimasi d´incanto. "Questo è il meccanismo del film cosmico!" disse una voce che parlava come se provenisse dalla luce stessa. "Gettando il suo fascio di luce sul bianco schermo delle lenzuola del tuo letto, sta producendo l'immagine del tuo corpo. Guarda: la tua forma non è altro che luce!". Mi guardai le braccia e le mossi in avanti ed indietro, eppure non riuscivo a sentirne il peso. Fui sopraffatto da una gioia estatica. Questo cosmico stelo di luce, che fioriva assumendo la forma del mio corpo, pareva una replica divina dei raggi di luce che filtrano dalla cabina di proiezione di una sala cinematografica e si manifestano come immagini sullo schermo. […] La mia illusione di un corpo solido si dissolse completamente ed io divenni ancor più profondamente consapevole che l'essenza di tutti gli oggetti è la luce." (Paramahansa, Autobiografia pag. 270-271)

"La coscienza di uno yogi che ha raggiunto la perfezione si identifica senza sforzo non con un corpo limitato, ma con la struttura universale. La gravitazione, sia essa intesa come la ‚forza‘ di Newton o come la ‚manifestazione d'inerzia‘ di Einstein, è impotente ad *obbligare* un maestro a mostrare la proprietà del peso." (Paramahansa, pag. 266)

L'energia pura con massa a riposo 0 è la luce.

L'insegnante di Paramahansa Yogananda, Swami Sri Yukteswar, morto nel 1936, si riferisce, nella sua opera principale "The Holy Science", sia alla Bibbia che agli atomi. Dice che le quattro forme di espressione come la parola, il tempo, lo spazio e l'atomo sono uno e lo stesso e sostanzialmente nulla, a parte semplici idee. La rivelazione della parola divenne carne e creava questo mondo visibile. (Sri Yukteswar, pag. 33) "Tutti gli ‚Anu' (atomi) insieme sono chiamati 'Maya', il potere dell'inganno creato da Dio, ed ogni singolo 'Anu' diventa 'Avidya' (ignoranza)." (Sri Yukteswar, vedi pag. 34)

Deepak Chopra, un contemporaneo hindu che vive negli Stati Uniti, si riferisce anche lui alla fisica quantistica. Definisce la ‚causa prima' di Max Planck come un'intelligenza non locale. Secondo lui, è ovunque e può raggiungere diversi effetti contemporaneamente, in luoghi diversi ed allo stesso tempo. Egli scrive, che se impariamo a condurre la nostra vita da questo livello, allora è possibile per noi di soddisfare ogni desiderio. Così possiamo riuscire ad ottenere miracoli. (Chopra, vedi pag. 43)

Si riferisce all' esperimento "Schrödinger's cat" e conferma che, perché l'osservatore cosciente giochi un ruolo chiave nel decidere se l'onda della materia alla fine decida di essere una particella od un'onda, Niels Bohr ed altri fisici sono giunti alla convinzione che solo la consapevolezza è responsabile del crollo dell' ondata di materia. Senza la coscienza, che osserva ed interpreta, tutto esisterebbe solo come puro potenziale. Questo puro potenziale è il dominio virtuale, il terzo piano dell'esistenza. Non è locale e non può essere sminuito, è infinito ed onnicomprensivo. L'accesso a questo potenziale ci consente di fare miracoli. (Chopra, vedi pag. 48, 49)

Descriviamo brevemente i risultati del buddismo acquisito in questo capitolo, riassumendo: Abbiamo visto che il nostro corpo è solo la nostra "realtà" apparente in questo mondo, si dissolve completamente dopo la morte. Il nostro spirito che porta il nostro karma va con tutti i suoi elementi, prima o poi, in un altro corpo. Il nostro ‚io' è solo un' illusione, scompare completamente, perché nella prossima vita, il nostro spirito ottiene un nuovo ‚io'.

Il karma, io, tutte le nostre azioni mentali, verbali e fisiche (memorizzate) in questa vita come in tutte le incarnazioni precedenti, è responsabile per tutta la sofferenza che ora abbiamo da sopportare. Con la meditazione, possiamo liberarci dal karma – ed anche dal ciclo della reincarnazione.

Ma ciò è solo possibile se abbiamo capito l'assenza dell' io' (il nostro io è un'illusione, con la morte scompare) ed il vuoto (tutto è "niente", tutto è "vuoto"). La verità finale è che la realtà del mondo dipende dall'illusione di essere qualcosa ed è una realtà translucida. Siccome tutto è ‚vuoto', questo a sua volta, può assumere qualsiasi forma ed anche scomparire di nuovo in qualsiasi momento.

La sostanza del cosmo fisico è "niente", ossia luce pura. Gli eventi che passano sono solo raggi creativi di luce sulla tela della nostra coscienza. Cambiamenti accadono nella dimensione superiore – con luce ed ombra – attraverso il potere della nostra immaginazione e la nostra volontà incondizionata. Tutto il tempo (ieri, oggi, domani) è "adesso".

Cosa significa tutto questo per il nostro progetto di miracolo? Non appena portiamo in meditazione il potente potere dei nostri pensieri, raggruppati in idee creative e caricati di una forte volontà, allora possono verificarsi i cambiamenti più incredibili. Il "vuoto" dei buddisti, che abbiamo già incontrato come "energia" nella fisica quantistica, rende possibile che tutto appaia immediatamente.

Un'occhiata veloce – importante per la nostra comprensione dei miracoli

F i s i c a q u a n t i s t i c a * Non c'è materia in sé (Planck: "quanto elementare di azione"): tutto è possibile. * La casualità gioca un ruolo. (Heisenberg: principio dell'indeterminazione) * L'osservatore decide il risultato. (Schrödinger: esperimento mentale) * Le informazioni sono prese infinitamente velocemente. (impulso degli uomini: il linguaggio delle immagini e dei sentimenti) * La dimensione superiore è il 'luogo' in cui i problemi sono risolti. '(Einstein) * La luce è energia pura con massa a riposo ,0'

C r i s t i a n e s i m o: * Nella preghiera profonda – in ,unità con Dio' (Giovanni 15,5: "Io sono il vitigno, voi siete le viti") sperimentiamo la nostra divinità – quindi i miracoli sono possibili. * Devo possedere prima affinché possa ricevere. (Bibbia, Matteo 13) * La mente impedisce l'accesso alla dimensione superiore. (lì dove accadono i miracoli)

B u d d i s m o * Il corpo è la nostra apparente 'realtà' in questo mondo. * Lo spirito è il portatore del nostro karma che con la morte si trasferisce con tutti i suoi elementi nel prossimo corpo. * Il nostro ‚io' è un'illusione, scompare con la nostra morte e nella prossima vita il nostro spirito riceve un nuovo ‚io'. * Il karma è responsabile per ogni sofferenza. * Con la meditazione puoi liberarti dal karma ed anche dal ciclo della rinascita. * La cognizione di assenza di ‚io'. * La cognizione del vuoto. * La sostanza del cosmo fisico è "niente", ossia luce pura. * Gli eventi effimeri sono raggi di luce creativi sulla tela della nostra conoscenza. * I cambiamenti avvengono nella dimensione superiore – con luci ed ombre, con il potere della nostra immaginazione e con la nostra volontà assoluta. * Tutti i tempi (ieri, oggi, domani) sono ‚adesso'.

Il nostro mondo –
dal punto di vista degli sciamani

Da tempo immemorabile, da quando esistono gli esseri umani, la ricerca di qualcosa di più alto, di qualcosa di sacro e di un potere che possa aiutare a far fronte ai problemi della vita, ha svolto un ruolo centrale. È affascinante vedere come molti dei popoli e tribù indigene, in tutti i continenti della terra e completamente indipendenti l'uno dall'altro, abbiano scoperto nella loro ricerca il mondo spirituale degli spiriti nell'aldilà trascendente.

Nel diciannovesimo secolo, gli scienziati hanno raggruppato questi specialisti spirituali, sotto il nome collettivo di sciamani, indipendentemente dalla loro sede (Australia, Nord e Sud-America, Siberia ed Asia Centrale, Sud Africa, oppure Europa Orientale e Nord-Orientale). La parola deriva dalla lingua del Tungus in Siberia e si applica a tutti coloro che in precedenza erano chiamati strega, negromante, medico stregone, mago o veggente (vedi Harner, pag. 63; 93).

Gli sciamani sono uomini e donne che entrano volentieri in un altro stato di coscienza per accedere nei mondi nascosti degli spiriti. Oggi esiste ancora una variante ›moderna‹ dello sciamano, il neo-sciamano.

Come si può immaginare il modo con il quale gli sciamani siano riusciti ad ottenere l´accesso a questo mondo spirituale trascendente?

La trance

Benchè le vedute del mondo e delle religioni presso le popolazioni indigene, fossero totalmente diverse, sia nel progettare le cerimonie rituali per i loro spiriti ausiliari o dei, che nel come accedere a questa sfera misteriosa, sorprendentemente tutte queste popolazioni hanno trovato un modo rituale quasi analogo: la trance e l'estasi che accompagnano le cerimonie.

Ci sono due modi principali per raggiungere questa trance. Come primo, è il suono di un rullo di tamburi seducenti che trascina con sé la gente; più il ritmo è vivace, e più il ballerino si muove in modo esuberante ed estasiato fino alla trance, ed all'estasi – raggiungendo poi la misteriosa sfera del mondo delle meraviglie.

Come secondo ed altro ingresso alla trance ed all' estasi è quello dell'effetto di droghe allucinogene (ampliamento della coscienza), che ricavavano dalla natura: estratti vegetali e di radici o succhi o tè. (Harner, vedi pag. 12).

Quando lo sciamano entra nello stato di trance ed estasi, la sua anima lascia il corpo, ed inizia ›un viaggio dell'anima‹.

L'antropologo americano Michael Harner lo descrive in questo modo: "La maggior parte degli sciamani del mondo usano tamburi od altri strumenti a percussione come cavalli o canoe per trasportarli nella realtà nascosta degli spiriti." I tamburi – il più efficace è il suono percussivo monotono con ben quattro battiti al secondo in base alla frequenza delle onde theta del cervello – sono quelli preferiti perché, a differenza delle droghe allucinogene, non causano effetti collaterali. (vedi Harner, pag: 13)

La forma base del viaggio dell' anima, è il viaggio negli inferi. L'ingresso è di solito un buco, un tunnel, una grotta, una sorgente, un tronco vuoto, ecc … oppure i cerchi concentrici del mandala, il cui centro è la porta immaginaria per i mondi degli spiriti e degli dei. (Harner, pag: 70-78)

Alcuni sciamani sperimentano una 'possessione', mentre uno spirito entra nel corpo in modo spettacolare per prenderne possesso per un pò, come il regista del film 'Living Buddha', Clemens Kuby, l'ha descritto. (Kuby, vedi pag. 188-192). Altri sciamani sperimentano l' 'ossessione' di un fantasma che entra nel loro corpo in modo spettacolare per impossessarsene per un pò come descritto dal regista del film "Buddha vivente", Clemens Kuby. (vedi Kuby, pag. 188-192).

Nell'aldilà trascendente, nel mondo delle meraviglie, gli specialisti spirituali chiesero poi agli spiriti od agli dei in un modo o nell'altro, aiuto, potere e conoscenza. Erano loro, principalmente, i responsabili per il bene della comunità, per la guarigione, per la magia alla caccia, per la vittoria contro un'altra tribù, per una profezia o soluzioni di problemi. Come spesso accade, quando succedevano miracoli inspiegabili, gli sciamani erano molto venerati. In cambio, come omaggio e ringraziamento, si davano agli spiriti od agli dei, durante la ceremonia rituale, delle offerte con testi, canti sacri e preghiere.

Il sacrificio

All´inizio, anche gli uomini furono sacrificati. Secondo Leo Maria Giani, un etnologo tedesco, l'antica religione metteva al centro del rito, sotto forma di sacrificio ciò che ci terrorizza di più: la dimensione della morte. (Giani, vedi pag. 121) Già dall'inizio del Neolitico, il sacrificio umano era diffuso nelle culture agricole e vegetali. (Giani, vedi p .118) Tuttavia, man mano che l'umanità cresceva e cresceva, diventò assurdo offrire sacrifici umani in gran numero. Questi furono sostituiti con sacrifici di pecore, capre e maiali, per cui secondo Giani, esisteva un rapporto segreto ed intimo tra animale e divinità. (Giani, vedi pag. 116) L´animale, considerato come un dio era però un animale del quale il dio ne poteva prendere le sembianze (Giani, vedi pag. 112). Il sacrificio di un montone nero ad esempio, collega la vittima con il mondo dei morti. (Giani, vedi pag. 116). ,

La carne, la parte ‚transitoria‘ che veniva mangiata dagli uomini, non era pasto ma anche sacramento. (Giani, vedi pag. 111) Le ossa, parte persistente dell'animale, rappresentanti l'essenza della sua vita, venivano solennemente seppellite, ed assicuravano così il ritorno. (Giani, vedi pag. 108) Di grande importanza erano i teschi ed i femori, venerati come portatori di potere e benedizione specialmente per colloro che offrivano il sacrificio. (Giani, pag. 110)

L'usanza di appendere teschi o antlers di animali dentro od intorno alla casa, si è mantenuta fino ad oggi.

La pratica degli Sciamani- Esempi

Michael Harner descrive il suo primo viaggio negli inferi quando, nel 1960/61, andò in Perù per esplorare le credenze spirituali delle persone che vivevano nella regione del rio delle Amazzoni: il popolo dei Conibo, un gruppo etnico indigeno. Dice che questi abitanti gli hanno spiegato che esiste solo un modo per capire la loro religione, cioè assaggiare l'ayahuasca, quella bevanda che altera la mente. Aiuta gli sciamani ad entrare nei mondi nascosti dei fantasmi. "Quando provai questa bevanda per la prima volta, le sostanze psichedeliche mi erano ancora sconosciute. LSD non faceva ancora parte della cultura americana. (Harner, vedi pag. 11-12)

Tuttavia, hanno avvertito Harner che l'esperienza della bevanda sacra dello sciamano prodotta dall'ayahuasca, la "Liana della morte", sarebbe stata terribile. Ed in effetti, finì in un incubo. Durante la trance, partecipò ad un carnevale soprannaturale di demoni con creature dalla testa di uccello che, presumibilmente, erano venute per mettere la sua anima su una barca. In seguito sentì la sua anima prosciugarsi, il suo corpo diventare insensibile e trasformarsi in cemento solido. Le sue allucinazioni erano così insopportabili che pensava di dover morire. (vedi Harner, pag. 36-41)

Harner descrive le sfere degli inferi come incredibilmente reali e scopre che altri sciamani, con cui aveva condiviso la sua esperienza, li conoscevano bene, menzionando persino i dettagli di cui non aveva parlato. Dice che era penetrato in una realtà che va molto più in profondità della cultura umana. In questo mondo sotterraneo, gli sciamani trovano "poteri spirituali compassionevoli" con il quali possono unirsi per guarire i malati ed alleviare la sofferenza del mondo od ottenere risposte spirituali. (vedi Harner, pag. 11-12).

Clemens Kuby è andato a trovare sciamani in tutto il mondo, in Russia, USA, Filippine, Nepal, Birmania, Corea, Perù, Sudan ecc. Egli conclude che gli sciamani hanno particolarmente successo quando provocano uno shock nel cercatore di salvezza; questo metodo serve a risvegliare ed a promuovere i suoi poteri di auto-guarigione. (Kuby, vedi pag. 211) Si raggiunge spesso questo successo per mezzo di un dolore molto violento o di una bevanda orribilmente amara.

Grandissimi successi di guarigione celebrava, secondo lui, lo sciamano Toni Powel mediante la sua ‚chirurgia mentale' quando il sangue entrava in gioco. Mostrava al paziente particelle sanguinanti (carne o tessuto o particelle di ossa) che gli aveva appena 'prelevato' e le gettava in modo drammatico nel secchio delle immondizie con le parole: "via col tumore!" o "via col dolore!". Noi umani spesso impazziamo, siamo presi dal panico, siamo toccati profondamente quando vediamo il nostro sangue. Ci fa uscire dalla normalità e per un breve periodo dimentichiamo chi siamo e dove siamo. Questo 'dimenticare se stesso' ci conduce, quindi Kuby, all'improvviso verso la dimensione superiore.

(Kuby, vedi pag. 182) Ed allora sì, che qui i miracoli possono accadere!

I Custodi della Terra nell'antico Perù

Il Neoschaman Alberto Villoldo, un americano con radici cubane, descrive i medici stregoni nativi americani, come i ‚Custodi della Terra'. Il loro compito era di servire il mondo con la loro saggezza, in veste di protettori ed amministratori della natura. Però furono continuamente perseguitati per "stregoneria", torturati ed uccisi, come ad esempio dai conquistatori ed immigrati europei e dall'Inquisizione. Per cui, dovettero mantenere la loro scienza come un segreto. (Villoldo, pag. 5-6)

Il mentore di Villoldo, Don Antonio, un Custode della Terra del Sud America, riconosce il mondo, secondo Villoldo, come un'intera creazione di vibrazioni e di luce. La viviamo come concreta e reale, però "niente di ciò che percepiamo, in quanto oggetto materiale e reale, esiste, se non sotto forma di sogno che noi stessi proiettiamo sul mondo. Quel sogno rappresenta una storia e noi crediamo che sia vera…sebbene non lo sia. Le pratiche ed i saperi dei Custodi della Terra, ci insegnano di riscrivere le storie della nostra vita, a fare ciò che gli sciamani chiamano ‚porre in essere il mondo attraverso il sogno." (Villoldo, pag. 6-7)

Le scoperte della fisica quantistica ci hanno mostrato quello che le Laika (Custodi d. T. nelle Ande e l'Amazzonia) sanno da millenni, ossia che la materia è solo luce condensata e può assumere innumerevoli forme. Le Laika conoscono "quattro livelli di percezione [… corrispondenti ai] quattro regni di manifestazione della vibrazione e della luce: il mondo fisico (il nostro corpo), il regno dei pensieri e delle idee (la mente), il regno dei miti (l'anima) ed il mondo dello spirito (l'energia). […] Sono incorporati l'uno all'interno dell'altro alla stregua di tante bamboline russe, col corpo fisico posto nella parte più interna; c'è poi il corpo mentale […], seguito dall'anima […] e per finire troviamo il corpo spirituale, posto nello strato più esterno [che è come una matrice e li dirige]". (Villoldo, pag. 24)

I Laika dicono, come Einstein, che i problemi possono essere risolti solo su un regno di percezione più elevato. "In questo capitolo imparerete che esiste una soluzione spirituale per ogni problema che incontrate nel mondo fisico, nella mente e nell'anima." (Villoldo, pag. 25)

Il livello più efficace, ovviamente, è il più alto livello dello spirito, l'energia pura. Dai Laika è quella dell'aquila. "Sanno che dalla sfera dell'aquila si può attraversare il tempo e trovare quel tornado quando è ancora solo un soffio sul bordo delle ali di una farfalla, il che equivale a dire che possiamo cambiare gli eventi prima del loro inizio. Possiamo porre in essere il mondo sognandolo, prima ancora che l'energia riesca a materializzarsi in forma fisica." Villoldo, pag. 38)

Una volta che realizziamo, come i Laika, che abbiamo soltanto sognato tutto ciò che accade intorno a noi, proprio come dimentichiamo di notte quando sogniamo che stiamo soltanto sognando, allora niente ci può più capitare. Possiamo anche cambiare, 'sognando' qualcos'altro.

Questa visione ci mostra che la fisica quantistica, il cristianesimo, il buddismo e lo sciamanesimo sono, nel loro livello superiore, molto vicini l'uno all'altro.

Come esempio di un miracolo sciamanico, Villoldo descrive come Don Antonio una volta si mise a invocare la pioggia. Come prima cosa, meditava per quattro giorni, poi "mi disse che stava andando a 'pregare la pioggia'. Io lo corressi, osservando che forse voleva dire pregare 'per la pioggia', e lui rispose: 'No, sto andando a pregare la pioggia.' Ritornò due ore dopo [...e] la pioggia cominciò a scrosciare. [...] A quel punto compresi cosa aveva fatto il mio maestro. Era entrato nello stato dell'aquila e si era dissolto. Aveva cessato di esistere in quell'istante, che era infinito. Li c'èra solo lo Spirito e nessuno a cui rivolgersi per pregarlo." (Villoldo, pag. 182) Don Antonio, quindi, quando entrò nella dimensione dell'aquila, quella della dimensione superiore, divenne tutt'uno con il tutto ed è così – che arrivò la pioggia. (Villoldo pag. 245)

I Toltechi del Messico

Ci riferiamo al neo-sciamano messicano, Don Miguel Ruiz, per via della sua profonda conoscenza dei Toltechi. Questa cultura prosperò nel sud del Messico, migliaia di anni fa. Erano degli "artisti dello spirito" e la loro saggezza magica ci conduce, secondo Ruiz, al nostro vero sé. Il centro della loro cultura, l'antica città delle piramidi, vicino a Città del Messico, Teotihuacan, è nota come il luogo in cui 'l'uomo diventa Dio'. (Ruiz, pag. 9)

Dal punto di vista dei Toltechi, tutta la nostra vita è, come i Laika, un sogno. Essi hanno separato, secondo Don Miguel Ruiz, la vera realtà (verità) dalla realtà virtuale (verità virtuale). La verità è ciò che percepiamo, ciò che sappiamo e sentiamo senza bisogno di parole. Ad esempio, quando vediamo una sedia, sappiamo subito che ci si può sedere sopra. Basta. Ma non appena l'abbiamo percepita, allora la interpretiamo. Gli diamo un nome, e la troviamo bella e confortevole, oppure brutta e troppo dura. Altri potrebbero forse pensare che sia moderna ed alla moda oppure vecchio stile e traballante. In questo modo, la sedia è diventata una verità virtuale e tutti la giudicano in modo diverso.

La vita, la luce e l'amore sono delle verità. Ma non appena le diamo un nome e le ricarichiamo di emozioni, allora diventano dei simboli, delle verità virtuali, la nostra creazione personale. In conseguenza Ruiz illustra: "La storia di voi stessi è tutto ciò che sapete di voi, e dicendo questo mi rivolgo a voi-conoscenza, a ciò che credete di essere, non a *voi*-esseri umani, a ciò che siete *davvero*. Come vedete, faccio una distinzione tra voi e *voi*, perché uno di voi è reale e l'altro non è reale. *Voi*, l'essere umano fisico, siete reali; *voi* siete la realtà. Voi, la conoscenza, non siete reali: siete virtuali. Esistete soltanto in virtù degli accordi che avete fatto con voi stessi e con gli altri esseri umani attorno a voi." (Ruiz, pag. 38-39)

Ruiz aggiunge che una cosa è anche virtuale se non esiste nella forma in cui sembra di esistere. Per esempio, una riflessione nello specchio non è la realtà, ma solo un'immagine di un oggetto riflesso. "Tutto ciò che percepite è un riflesso del reale, esattamente come i riflessi nello specchio, salvo una differenza fondamentale: dietro lo specchio non c'è niente, mentre dietro i vostri occhi c'è un cervello che [...] interpreta tutto ciò che percepite, in base al significato che date ad ogni simbolo [...]. Tutto ciò che percepite viene filtrato dal vostro sistema globale di credenze. [...] Cosi create un'intera realtà virtuale nella vostra mente." (Ruiz, pag. 49) "Sogniamo attraverso la nostra immaginazione e, in base all'accordo che abbiamo fatto, pensiamo che il nostro sogno sia la verità; ma la verità è che il nostro sogno è solo una verità relativa." (Ruiz, pag. 50)

Dal punto di vista dei Toltechi, la nostra vita è quindi solo una verità virtuale che noi stessi possiamo cambiare non appena la reinterpretiamo. Un cambiamento può iniziare quindi partendo "dalla consapevolezza di sé". Prima siate consapevoli di ciò che è reale e poi di ciò che è virtuale, cioè delle nostre credenze su ciò che è reale. Con questa consapevolezza, sappiamo che possiamo cambiare ciò che è virtuale cambiando le nostre credenze." (Ruiz, pag. 36)

È fantastico, è un'opportunità sensazionale per ciascuno di noi. Prendiamo, per esempio, la vita di Xyz che può sembrare grandiosa dall'esterno; tutti lo ammirano e lo invidiano, ma lui stesso si sente decisamente infelice ed addolorato perché sta vivendo un dramma segreto. Qual' è dunque la verità: la sua 'felicità' od il suo 'dramma segreto'? Niente di tutto ciò. Sono solo verità virtuali.

La buona notizia è: che per questo si possono cambiare. Xyz potrebbe dunque reinterpretare il dramma, potrebbe vederlo come una 'chance' o come un 'trampolino di lancio" verso qualcosa di nuovo, di molto meglio.

Ma come si può fare? La risposta dei Toltechi, secondo Ruiz, è che proprio per questo, tutto si può cambiare con la parola; confrontate com'è scritto nella bibbia: "Dio disse: Che la luce sia! E la luce fu. " (Genesi 1: 3) Ruiz dice che nella parola, come simbolo, dimora il potere magico della creazione, perché la parola crea nella nostra mente un'immagine, un'idea, un sentimento od una storia completa. La parola è la nostra magia; il nostro potere creativo, è l'intenzione, e quindi la nostra intenzione si manifesta attraverso la parola, non importa quale lingua parliamo. (Ruiz, vedi pag. 43) Ruiz scrive: "Siete stati programmati per inviare un messaggio, e la creazione di questo messaggio è la vostra arte più grande. Che cos'è questo messaggio? La nostra vita. Con questo messaggio create prima la storia di voi stessi e poi una storia su tutto ciò che percepite. Create nella vostra mente un'intera realtà virtuale e vivete in quella realtà." (Ruiz, pag. 38-39)

In conseguenza, Ruiz propone: "Anche sapendo che la vostra storia non è vera, potete creare la più bella delle storie e condurre la vostra vita attraverso di essa. Potete cercare il vostro personale paradiso e viverci. E se capite le storie degli altri, e loro capiscono la vostra, assieme potete creare il più meraviglioso dei sogni." (Ruiz, pag. 103)

"Nella storia di Adamo ed Eva, c'è un bellissimo dialogo con il serpente che viveva sull'Albero della Conoscenza. Il serpente era un angelo caduto, che dava messaggi distorti; lui era il Principe delle Menzogne e noi eravamo innocenti. Il serpente ci chiese: 'Volete essere come Dio?'. Se avessimo risposto: 'No, grazie. Noi siamo già Dio', vivremmo ancora in Paradiso. Invece abbiamo risposto: 'Si, vogliamo essere come Dio'. Non ci siamo accorti dell'inganno; abbiamo mangiato il frutto, inghiottito la menzogna, e siamo morti." (Ruiz, pag. 111)

Noi lettori di questo libro, lo sappiamo già che siamo una parte di Dio, ma dobbiamo sempre renderci conto di quello che siamo – continuiamo a dimenticarlo. "Ecco perché siete qui: per […] reclamare la vostra divinità. È venuto il momento di lasciare il mondo dell'illusione, il mondo delle menzogne e di ritornare alla vostra verità, alla vostra autenticità […] per diventare il vero voi. E per farlo dovete ritornare alla vita, che è la verità." (Ruiz, pag. 115)

La cura miracolosa

Una volta in Nepal, il regista Clemens Kuby andò da una sciamana tibetana: Lhamo Dolkar, per farsi curare il ginocchio. Per realizzare guarigioni miracolose, questa entrava in una trance profonda, prestando il suo corpo allo spirito di una grande yogini tibetana del 14 ° secolo. Ella, personalmente, non notò niente di tutto quello che successe in seguito. Una volta in trance, Lhamo Dolkar accettò la sua nuova identità, cambiando sia la sua voce che il suo contegno, esortando e rimproverando con chiaroveggenza. A Clemens Kuby, che soffriva di forti dolori al ginocchio, al seguito di un´intervento chirurgico al menisco, immise – così come descrive Kuby- "un piccolo tubo di rame vicino alla rotula, perforando con forza la pelle, producendo un dolore intenso e più forte di tutti quelli fin´ora ancora mai sperimentati. Attraverso questo tubo, ella succhia dal mio ginocchio, una spessa salsa nera... Il dolore al ginocchio è scomparso dopo tre giorni".

Kuby non sa come abbia funzionato. Ma pensa che se avesse detto, dopo due giorni, che il trattamento subìto da parte di Lhamo Dolkar non aveva funzionato, questa l´avrebbe trattato di nuovo così una seconda volta, ciò che voleva, per l'amor del cielo, evitare a tutti i costi! Anche il suo ginocchio 'la vide cosi' e fù guarito. Presumibilmente, nella sua psiche, ha funzionato quello che già sapeva dai metodi di guarigione filippini: la performance di Dolkar è stata tanto violenta, dolorosa ed impressionante per la sua psiche, che non poteva più sfuggire all'effetto desiderato. Questa è una conferma che noi siamo, in prima linea, degli esseri spirituali e non soltanto fisici.Inoltre dice, che non importava se il trattamento fosse un trucco, perché era efficace. Chi va dallo sciamano visita una performance artistica. Per chi questa sia efficace o meno, ne decide unicamente l'effetto. Il suo desiderio incondizionato, proveniente dal profondo del suo cuore, era che il dolore sparisse; ed è andato a buon fine. Kuby descrive che queste inaspettate dedizione e devozione altruiste dello sciamano sono state così impressionanti, che il suo cuore ne esultava e che, a posteriori, ritrovando la sua normale vita, si sentì un´altro, ossia diverso. In tutta questa storia, il ginocchio aveva perso la sua importanza, invece il cuore di Kuby traboccava di gioia per quest´inaspettata ed incondizionata dedizione. Lhamo Dolkar, identificandosi con una figura spirituale, lo Yogini, aveva toccato la sua anima, luogo dove iniziano tutte le malattie e tutte le guarigioni. All' improvviso, Kuby ha cambiato il livello di coscienza, allontanandosi da tutto ciò che egli aveva sentito, da anni, dire sul suo ginocchio rotto e dolorante. (Kuby, vedi pag. 188-192)

Lo spirito è tutto, sa tutto, può tutto, è universale e sta al di sopra della materia. È stata la coscienza della Yogini a costituire il livello spirituale puro, così come era all' inizio dell'universo. Nessuno dei partecipanti alla performance di trance di Dolkar parla di trucchi o falsi o chiede "era veridica?" Assolutamente no, visto che l'energia era veramente esistita. Inoltre, segue la frase: "non prende denari...". (Kuby, vedi pag. 188-192) Non solo Lhamo Dolkar ha eseguito la sua guarigione, agendo da una sfera divina superiore, ma anche Clemens Kuby ha sperimentato la sua guarigione miracolosa solo perché, anche lui, ha cambiato il livello di coscienza. I miracoli sono possibili solo così.

Cosa significa tutto questo per il nostro progetto di miracolo? Poiché il mondo, dal punto di vista sciamanico, è costituito da luce e vibrazioni, e non c'è né materia né tempo al più alto livello, il tutto è possibile. E così possiamo sognare tutto di nuovo: ossia, la nostra "realtà virtuale", la nostra "creazione personale" od il nostro "sogno". Tutto ciò succederà quando la nostra coscienza raggiungerà questo livello superiore, mediante la trance, uno shock oppure un' esperienza sconvolgente.

Un'occhiata veloce – importante per la nostra comprensione dei miracoli

F i s i c a q u a n t i s t i c a * Non c'è materia in sé (Planck: "quanto elementare di azione"): tutto è possibile. * La casualità

gioca un ruolo (Heisenberg: principio dell´indeterminazione). *
L'osservatore decide il risultato (Schrödinger: esperimento mentale). * Le informazioni sono prese infinitamente velocemente (impulso degli uomini: il linguaggio delle immagini e dei sentimenti).
* La dimensione superiore è il 'luogo' in cui i problemi sono risolti
'(Einstein) * La luce è energia pura con massa a riposo ‚0'

C r i s t i a n e s i m o : * Nella preghiera profonda – in ‚unità
con Dio' (Giovanni 15,5: "Io sono il vitigno, voi siete le viti") sperimentiamo la nostra divinità – quindi i miracoli sono possibili.
* Devo possedere prima affinché possa ricevere (Bibbia, Matteo
13). * La mente impedisce l'accesso alla dimensione superiore (lì
dove accadono i miracoli).

B u d d i s m o * Il corpo è la nostra apparente 'realtà' in questo
mondo. * Lo spirito è il portatore del nostro karma che con la
morte si trasferisce con tutti i suoi elementi nel prossimo corpo.
* Il nostro ‚io' è un'illusione, scompare con la nostra morte e nella
prossima vita il nostro spirito riceve un nuovo ‚io'. * Il karma
è responsabile per ogni sofferenza. * Con la meditazione puoi
liberarti dal karma ed anche dal ciclo della rinascita. * La cognizione di assenza di ‚io'. * La cognizione del vuoto. * La sostanza
del cosmo fisico è "niente", ossia luce pura. * Gli eventi effimeri
sono raggi di luce creativi sulla tela della nostra conoscenza. * I
cambiamenti avvengono nella dimensione superiore – con luci ed
ombre, con il potere della nostra immaginazione e con la nostra
volontà assoluta. * Tutti i tempi (ieri, oggi, domani) sono ‚adesso'.

S c i a m a n e s i m o * La creazione consiste in luce e vibrazione.
* Ciò che crediamo vero, è solo un sogno. * Nel più alto livello
spirituale non esiste il tempo, quindi possiamo cambiare. tutto

prima che si presenti. * Scambiamo l'immagine proiettata con la realtà – ecco perché dobbiamo cambiare il film, non lo schermo. * Con lo shock od il dolore, distruggiamo i vecchi modelli di pensiero e sorpassiamo il nostro vecchio, conscio livello di coscienza.

I miracoli e la loro varietà.

Nonostante le risposte, in gran parte molto diverse tra di loro, dei fisici quantistici, dei cristiani, dei buddisti e degli sciamani sulla domanda: 'Come accadono i miracoli?', tutti concordano in un punto: I miracoli si svolgono nella dimensione superiore. Là si trovano il potere e l'onnipotenza, e soltanto da lì, tutto può avvenire.

Fisici quantistici

Per i fisici quantistici, non c'è materia in sé, quindi i cambiamenti improvvisi sono sempre possibili. Un atomo è imprevedibile, può essere in più posti contemporaneamente, ma può anche scomparire improvvisamente. Esistono, allo stesso tempo, diverse possibilità fino all'apparizione finale nel nostro mondo visibile – e l'informazione di un codice binario o di quella di un osservatore (immagini e sentimenti) determinano il risultato finale.

Cristiani

Per i cristiani, i miracoli possono accadere non appena abbiano riconosciuto la loro 'divinità', quando sono "in unità con Dio' ed usano la loro conoscenza interiore del possesso per impostare le informazioni necessarie (immagine e 'video' del desiderio, compiti e sentimenti di gioia e gratitudine al proposito).

Buddisti

Per i buddisti, i miracoli sono possibili non appena riconoscono che la sostanza del cosmo fisico è vuota o la considerano come luce, e l'ego solo come un'illusione, con la quale viviamo le nostre vite. Dopodichè, i raggi creativi di luce, possono assumere qualsiasi forma sulla tela della nostra coscienza. E, poiché l´intero tempo viene considerato come 'il momento stesso', allora tutto, diventa sempre possibile, in qualsiasi momento.

Sciamani

Per molti sciamani, ciò che noi consideriamo oggettivo, è per loro solo virtuale e la nostra vita è quindi un'immagine distorta dalla nostra opinione, nella nostra coscienza, un sogno. Visto che anche per loro il tempo non esiste, possono cambiare tutto in un nuovo livello di coscienza- nella dimensione superiore- e far sorgere dal sogno un miracolo .

Andiamo al nostro miracolo

Ogni religione ha quindi- come abbiamo potuto vedere fin´ora- sviluppato il suo percorso e la propria dottrina – e raggiunto la possibilità dell'adempimento del desiderio od addirittura di un miracolo. Sebbene queste differiscano l'una dall' altra, in maniere diametralmente opposte, è del tutto affascinante notare che l'essenza, il "santissimo" di ogni religione raggiunge il traguardo dell'onnipotenza, nella dimensione superiore. Tuttavia, è quasi incredibile notare che sia la scienza, ossia la fisica quantistica, ad essere riuscita a portare la luce nel segreto del miracolo. Il fatto che possiamo finalmente capire, come il mondo intero ed in particolare il mondo dei miracoli funzioni, lo dobbiamo soltanto ai suoi risultati. Dovremmo dunque usarli subito! Allora, forza: comminciamo con il nostro miracolo!

Accesso alla dimensione superiore

Quindi, tutte le religioni l'hanno riconosciuto: nella dimensione superiore siedono il potere e l'onnipotenza, solo da lì può accadere tutto, tutti i cambiamenti profondi, l'adempimento di tutti i desideri, di tutti i miracoli. Ma come possiamo fare per avvincinarci a questo livello? La preghiera eleva i cristiani a queste sfere superiori, i buddisti le raggiungono con la meditazione, gli sciamani cadono in trance e nelle culture vecchissime, era attraverso l'orrore della dimensione della morte.

Tutti sono d'accordo: chiunque voglia esaudire un desiderio od addirittura sperimentare un miracolo, lotta per raggiungere l'unità con il Grande Insieme. Tutti vogliono attraccarsi a questa forza, a questa energia.

Diamo uno sguardo più da vicino ad alcuni di questi approcci.

La preghiera dei cristiani

Gesù ha insegnato la preghiera la più famosa dei cristiani, il Padre nostro, ai suoi stessi discepoli. Consiste in lode, adorazione e suppliche ed è considerato un modello per tutte le preghiere cristiane. Alla dimensione superiore ci conduce il magico "Rosario", diffuso in tutto il mondo, una combinazione di 'Padre nostro' e diverse altre preghiere. Nella preghiera del 'Rosario' (il termine esiste dal XV° sec.), l'uomo che prega, palpa con la punta delle dita, una dopo l´altra, ciascuna delle 59 sfere e poi 'sa' quale preghiera viene assegnata ad ogni pallina. Sono un Credo in Dio, 53 Ave Maria, quattro volte cinque misteri della vita di Cristo e sei 'Gloria al Padre'. Il vero credente fa questa preghiera più volte di seguito, devotamente, interiorizzando con compassione i segreti riguardanti la vita, la morte e la risurrezione di Gesù Cristo. Paul Badde, il co-direttore della rivista VATICAN, paragona le dieci 'Ave Maria' ad 'un piccolo pellegrinaggio'. Il potere magico del 'Rosario' si sviluppa soprattutto nella ripetizione infinita di un viaggio nella dimensione superiore. (Badde, vedi pag. 63). Ad ogni santa comunione, il credente riceve un'ostia, che durante il sacrificio della santa messa viene trasformata in 'corpo di Cristo' (transubstanziazione). Vediamo, che anche nel cristianesimo, la dimensione della morte possiede un posto centrale.

La meditazione dei buddisti

Siddhartha Gautama, la cui principale preoccupazione era porre fine alla sofferenza della gente,ha introdotto la meditazione come il nucleo del buddismo, l'accesso alla dimensione superiore. Qui, colui che medita, è in grado di liberarsi dal suo karma ed in questo modo, anche dalla ruota della rinascita (rincarnazione), raggiungendo il nirvana, la felicità eterna. Il monaco buddista Ajahn Brahm lo descrive così: "La meditazione è il processo del lasciar andare".(Brahm, vedi pag. 155) "Ci distacchiamo dai cinque sensi". (Brahm, vedi pag. 165) "Quando i cinque sensi ed il corpo sono scomparsi, qualcosa appare [...] come una luce nello spirito [...] una riflessione del vostro spirito […] la felicità dello spirito liberato dal mondo." (Brahm, vedi pag. 166) e "se a questo stadio riuscite ad unirvi con la luce, raggiungerete quello che viene chiamato Jhana nel Buddhismo Theravada, la prima vera esperienza di non dualità, un'esperienza di beatitudine. È la felicità di lasciar andare." (Brahm, vedi pag. 167)

Paramahansa Yogananda scrive: "La vostra vera personalità comincia a svilupparsi quando la profonda intuizione vi pone in grado di sentire che non siete questo solido corpo, ma l'eterna, divina corrente di Vita e Coscienza entra nel vostro corpo. È cosi che Gesù poté camminare sulle acque; aveva realizzato che ogni cosa è composta dalla coscienza di Dio. La personalità umana può essere tramutata in personalità divina. Liberatevi della coscienza d'essere un fardello di carne e d'ossa. Ogni notte, Dio vi fa dimenticare questa illusione. Ma appena vi svegliate, ritornate immediatamente nei limiti apparenti del corpo.[…] Una persona dalla mente forte può essere ciò che vuole essere. La limitata personalità umana può venire enormemente allargata mediante la meditazione. Quando chiudendo gli occhi potrete sentire la vastità dell'anima dentro di voi, e sarete in grado di far durare questa consapevolezza, avrete quella personalità che Dio vuole che abbiate. […] 'Io sono infinito. Sono parte di tutto.' […] Quando il vostro carattere cresce spiritualmente, potete assumere quasi ogni sfumatura di qualsiasi personalità che desiderate avere. La mente è illimitata." (Paramahansa-2, pag. 156-157) Con ciò vuole dire che: "Il potere della mente porta con sé l'infallibile energia di Dio. Questa è la forza che volete nel vostro corpo. E c'è il modo di portare in voi questo potere. Il modo è la comunione con Dio per mezzo della meditazione. Quando la vostra comunione con Lui è perfetta, la guarigione è permanente. Quando giunge il potere causativo di Dio, l'effetto risanante è istantaneo; non occorre aspettare perché la causa maturi nel suo effetto." (Paramahansa-2, pag. 99) E "Quando sarete in contatto con Dio, vedrete tutti i vostri desideri misteriosamente esauditi. Ma dovrete cercare Lui per prima cosa. Egli vi ha dato tutto; ma solo se abbandonerete tutti i suoi doni, preferendo Lui, Egli si donerà a voi." (Paramahansa-2, pag.138)

La trance degli sciamani

Molti sciamani si mettono subito in trance. Poi, a partire da questo livello, cercano l'accesso all'anima del paziente. In seguito, provano in vari modi a staccarli dalla fissazione dei loro modelli di pensiero. (Kuby, vedi pag. 234) In tal modo, secondo Kuby, essi affaticano o scioccano intenzionalmente il più possibile il paziente affinchè questi, non riuscendo più a sentire nè vedere, venga catapultato ad un livello di coscienza 'sconosciuto", nella Dimensione Superiore. Il modo migliore per riuscirci è infliggere al paziente un dolore insostenibile o dargli da bere una bevanda amara e disgustosa, oppure mostrargli di colpo il proprio sangue in provenienza diretta dal suo corpo. In tal modo gli sciamani cercano di ricordare al paziente che- una volta raggiunta la dimensione superiore – egli possiede l´intrinseca capacità di guarire se stesso.

La dimensione della morte delle culture antiche.

Un principio simile, solo molto più brutale, era praticato dai sacerdoti delle antiche civiltà. Questi sacrificavano ai loro dei degli animali, e nei tempi ancora più antichi, anche degli esseri umani. Immaginate, che crudele ed impressionante spettacolo vedere contemporaneamente tanti animali immolati, oppure, che incubo, anche esseri umani! Quantità enormi di sangue sgorgavano dalle gole degli animali sacrificati. Le urla dei sacrificati risuonavano cupe e strazzianti. Essendo ciò una una festa 'sacrale', queste scene spaventose avevano come effetto di catapultare gli spettatori impressionati e tutti gli interessati ad un livello più alto, nella dimensione superiore.

Il laboratorio dei miracoli
Una piccola anteprima di cosa vi aspetta nella 'pratica'.

Così come non si può forzare il sonno, non si può neanche mai forzare un miracolo. Per il sonno si può dare una mano, contando le pecorelle oppure bevendo del latte tiepido con miele od affini – e spesso funziona abbastanza bene. Anche perché si compiano i nostri desideri o per potere sperimentare la sensazione di vivere un miracolo, dobbiamo cercare di dare presto una mano. Ma come funziona?

Immaginiamo di avere, nella dimensione superiore, un nostro laboratorio per 'creare' una meraviglia. In primo luogo, dobbiamo essere in grado di raggiungere questa dimensione superiore. È vero che esistono talenti naturali che ci arrivano intuitivamente. Si dirigono in quel punto preciso, – come se fossero teleguidati e meravigliano il mondo intero con la loro rapida carriera, con i loro guadagni esorbitanti o con i loro successi giganteschi. Invece, la maggior parte della gente, deve prima imparare come si fa ad arrivare a tutto ciò. Dobbiamo capire come funziona e perché funziona in un certo modo, e quindi dobbiamo esercitarci. Certo che anche noi possiamo raggiungere il successo. Proviamoci. Questo esercizio procura un grandissimo piacere – vedi: 'Parte 1 – La pratica'

Poi, dobbiamo scrivere una sceneggiatura intitolata 'Il mio desiderio è già soddisfatto – sono felice', dove noi stessi rappresentiamo 'l'attore principale raggiante', che gode già dei desideri esauditi – in uno stato di piena beatitudine e di profonda gratitudine. – vedi "Parte 2 – La pratica"

Dopodichè dobbiamo registrare il testo sul nostro smartphone – con una musica meravigliosa in sottofondo (o imparare questa sceneggiatura a memoria) – vedi "Parte 3 – La pratica

Alla fine, congiungiamo il tutto: Andiamo nella dimensione superiore, leggiamo od ascoltiamo 'lì' il testo con la musica sullo smartphone e sperimentiamo la nostra sceneggiatura come 'la nostra nuova realtà'. Siamo felici da non dire, proviamo entusiasmo, gioia e gratitudine – perché abbiamo – finalmente – capito che il nostro desiderio si è già realizzato. Cosa esiste di più bello? – vedi "Parte 5- La pratica.

Per tutto il resto del tempo, apriamo tutti i nostri sensi ed attendiamo un'ispirazione con la domanda: "Cos'altro dovrei fare?"- vedi Parte 4 – La pratica

Ora, tutto ciò di cui abbiamo bisogno è perseveranza. Ripetiamo il tutto, il più spesso possibile, e non dubitiamo mai del successo.

Il nostro segreto e potente nemico

Stop, c'è qualcuno che abbiamo dimenticato: il classico 'nemico', il 'lupo nella pelle della pecora', ossia la nostra mente. È l'unico ostacolo che possiede un potere selvaggiamente determinato e che blocca tutto, non appena cerchiamo di raggiungere la dimensione superiore, attraverso la preghiera o la meditazione.

Che ruolo gioca questa mente? Posso spiegarlo in modo un pò esagerato? Era lei che quel giorno drammatico in paradiso, ha impersonato quel serpente raffinato e seducente (Satana?), che ha persuaso Eva a mangiare la mela proibita della conoscenza? Eva, colma di vergogna e di disonore, fu cacciata dal paradiso e l'umanità aspetta, ancora oggi, di capire il mistero della cognizione.

Ed è probabilmente così che la mente è venuta sulla terra insieme ad Eva? Si è costruita qui la sua posizione assoluta di potenza? Per noi, esseri umani, la mente è diventata una compagna indispensabile, quasi irrinunciabile. Solo grazie a lei, possiamo calcolare, scrivere, leggere e ricercare, lavorare al computer, costruire grattacieli e mandare satelliti in orbita o sulla luna. Senza di lei non potremmo mai vivere in maniera così altamente sviluppata e non potremmo ottenere quasi nulla. L'umanità è sotto il suo incantesimo.

Ma ora abbiamo capito che vogliamo tornare in paradiso, nella dimensione superiore. Solo lì i nostri desideri possono essere soddisfatti, solo lì possiamo persino sperimentare i miracoli. Dobbiamo – finalmente – emanciparci dalla mente e diventarne indipendenti.

Questo non è del tutto facile! Appena cominciamo una meditazione o una preghiera, la mente interviene subito in modo radicale. Si immischia con tutte le sue forze, con tutta la sua raffinatezza e creatività. All'improvviso, ci viene in mente un pensiero molto divertente e da morire dal ridere o da piangerne di tristezza o sennò, qualcosa di assolutamente fastidioso od importante. La mente ci distrae in modo così raffinato che non ce ne accorgiamo nemmeno. Ridicolizza le nostre idee sul miracolo o le distrugge immediatamente con argomentazioni convincenti. Ci deride: "Non essere imbarazzante, non hai letto Karl Popper o Ludwig Wittgenstein o non li hai capiti?" E poi ci vergogniamo un po', e come in un incantesimo, la mente blocca a mò di cerbero spietato e senza pietà, tutti gli ingressi al paradiso. Provate ad entrare – potreste finire per disperarvi davvero!.

Ma come facciamo a smettere di pensare? Come possiamo superare la mente, superarla con astuzia? Fortunatamente, esiste un trucco, un fenomeno sensazionale – la salvezza: la nostra mente è sotto stress, non appena percepiamo diversi sensi allo stesso tempo. Quindi, se allo stesso tempo, per esempio, ascoltiamo, annusiamo, sentiamo o assaggiamo, – usando almeno tre o quattro sensi intensi allo stesso tempo– la nostra mente è completamente sopraffatta. Allora niente funziona più, la mente non può più pensare e non può più disturbarci – e l'accesso alla dimensione superiore è libera. Tombola!

Parte 2 Andiamo ora velocemente alla pratica

Per i frettolosi desiderosi di mettersi rapidamente al lavoro!

Avete già letto la parte 1? Congratulazioni: allora potete saltare la parte 2' ed iniziare direttamente con la pratica (,Parte 3').

Qui nella ,Parte 2', in questo passo per chi ha fretta, riassumo brevemente le cose più importanti della ,Parte 1'. Forse il tutto vi sembra un po' confuso, distante, incomprensibile od addirittura pazzo? Non importa. Non bisogna capire tutto ora. È solo importante che ascoltiate già le parole chiave almeno una volta. Una consolazione: è presto fatto!

Dopo, iniziate subito con la pratica. Ne vale davvero la pena.

Da tempi immemorabili, l'umanità è confrontata al problema di capire come il nostro mondo funzioni. Soprattutto in tempi di crisi soffriamo, abbiamo sempre paura, siamo inquieti e speriamo in una buona svolta. Allora preghiamo, meditiamo, facciamo un pellegrinaggio, questioniamo le carte od andiamo dalla chiromante. Pensiamo a tutto ciò che è possibile ed impossibile, ma solo per avere un'influenza fondamentale sugli eventi della nostra vita. Sfortunatamente ciò succede solo raramente.

Qual è il segreto? Come vengono soddisfatti i nostri desideri? Come accadono i miracoli? Un colpo di genio sul sentiero della comprensione di come funziona davvero il nostro mondo, sono state le scoperte della scienza a partire dal 1900. Fisici quantistici come Max Planck, Albert Einstein, Werner Heisenberg e Erwin Schrödinger ci hanno finalmente aperto gli occhi.

Alcuni punti – in poche parole:

La materia in sé non esiste, per cui tutto è possibile. Il caso gioca un ruolo e l'osservatore (= noi) decide del risultato. Un cambiamento elementare della nostra situazione di vita è soltanto possibile nella dimensione superiore. La nostra mente ci blocca questo accesso, quindi dobbiamo ingannarla.

Ripeto la definizione della "Dimensione superiore" descritta nella "Parte 1":

La dimensione superiore supera tutto ciò che possiamo immaginare. Ha molti nomi, come il cielo o il paradiso (nel senso religioso, questo è il luogo del soprannaturale o del divino), cosmo, universo, onnipotenza, sfera di energia, universo (nel senso fisico questa è la totalità dello spazio, del tempo e di tutta la materia ed energia in essa). È un luogo di potenza assoluta di tutto e per tutti, è ispirazione, motore e rifugio per cristiani, buddisti, sciamani, artisti, filosofi, scienziati, atleti, insomma per tutti. È un potenziale illimitato. Qui i problemi possono essere risolti, qui i miracoli possono sorgere ed accadere. Tutti coloro che hanno raggiunto il sapere, lo usano coscientemente e ne ricavano una gioia.

Tutto ciò che possiamo vedere e toccare qui nel nostro mondo è solo un'istantanea per i nostri sensi. **In realtà non c'è nulla di permanente**. Tutti gli oggetti, animali, piante, montagne – tutto – ottengono la loro forma e forza solo dal movimento degli atomi che evolvono così velocemente. Il nostro mondo intero è un'illusione, è in continua evoluzione, non può essere afferrato e tutti noi lo sperimentiamo a modo nostro, dal nostro punto di vista personale.

Anche noi, esseri umani, siamo praticamente ‚nulla', siamo per la maggior parte energia che cambia continuamente. Come già descritto nell´ excursus: ‚Chi sono io?', quello che ci fa avere una personalità individuale, è la nostra coscienza unica e specifica oppure il nostro spirito, la nostra anima (possiamo chiamarla in un modo o nell'altro) che si attacca ad ognuno di noi per sempre, addirittura al di là della nostra morte.

Visto che nulla è fermamente stabilito, perché tutto cambia continuamente, allora tutto può svilupparsi costantemente e di nuovo. I buddisti Alexandra David-Néel ed il Dalai Lama lo descrivono in questo modo:"Non ci sono oggetti in movimento, gli oggetti sono movimento" (David-Néel, vedi pag. 23) ed "È proprio questa mancanza di auto-esistenza, questo vuoto, che permette alle cose di fare effetto – solo per questo possono essere create od anche produrre qualcosa da se." (vedi citazione di Nagarjuna, secondo secolo – a Dalai Lama, vedi pag. 122).

Anche il tempo esiste per noi solo per potere sperimentare il mondo. In verità, tutto succede allo stesso tempo: "L'origine delle cose non è legato, né ad un luogo, né ad un momento, ma ORA, ad ogni momento, nella nostra mente. Tutte le cose, TUTTO è un'illusione." (vedi David-Néel, pag. 23).

Il buddista Paramahansa Yogananda aggiunge la volontà: "Se la mia volontà è

ricaricata con volontà divina, allora raggiungerà il suo obiettivo. Si deve pensare ad un nobile desiderio, affinché la mente ed il pensiero non siano completamente assorbiti da questa idea. Allora la volontà diventa divina, ossia onnisciente e onnipotente." (vedi Paramahansa-2, pag. 47).

Il Nuovo Testamento dice che dobbiamo già possedere ciò che vorremmo avere in questo momento, solo così potremo riceverlo più tardi. ("Così a chi ha, sarà dato e sarà nell'abbondanza; ed a chi non ha sarà tolto anche quello che ha" (Matteo13, 12). Questo paradosso si può comprendere e praticare solo nella dimensione superiore (nella preghiera, in meditazione, in trance). Non appena siamo ,tutt'uno con Dio' in questo livello ("Io sono il vitigno, voi siete le viti." Vedi Giovanni 15,5), abbiamo, a causa di questa divinità, voce in capitolo nelle nostre vite.

Una grande difficoltà ci rovina l'ascesa verso la dimensione superiore. Nella "Parte 1" abbiamo smascherato il guasta-feste astuto: la nostra mente. Questa si pone di traverso con tutti i mezzi, con pieno impegno, ed impedisce molto efficacemente il nostro accesso al livello superiore.

Nella ,Parte 3', useremo un metodo sorprendentemente semplice per ingannare la mente e per inalzarci in queste sfere.

Ora arriviamo al punto critico, alla domanda centrale di questo libro: quali poteri segreti sono al lavoro, cosa dob-biamo fare per essere in grado di sperimentare la realizza-zione del desiderio od anche di un miracolo?

La risposta è: dobbiamo impostare un ,impulso preciso' nella dimensione superiore – quindi niente è più impos-sibile. Ma come si presenta questo impulso?

Nei dispositivi della tecnologia dell'informazione, come i computer, l'impulso è un codice binario di uno e zero, che determina tutti i cambiamenti. Da noi esseri umani esiste un impulso un pò più complesso. Il nostro impulso consiste in diverse componenti (4) che devono lavorare si-multaneamente.

La prima, è la lingua delle immagini. Dovremmo sempre e di continuo, immaginare – nella dimensione superiore – la visione la più meravigliosa del desiderio già adempiuto – essendo inconfutabilmente sicuri e convinti che il nostro desiderio è già stato realizzato. Ancora più efficaci sono le sequenze di immagini, ossia delle ‚video mentali' di realizzazione autoproduttiva (vedi ‚Parte 3') che il più spesso possibile, facciamo scorrere nella nostra mente.

Inoltre, e contemporaneamente, vi è il linguaggio dei sentimenti. Dovremmo godere i nostri ‚video mentali' con delle emozioni vivacissime: con sentimenti di gioia, felicità e gratitudine per l'adempimento già eseguito. Giubiliamo e poi danziamo pieni di entusiasmo – immaginario o reale.

La terza componente dell'impulso, deve essere la forte volontà incondizionata di volere raggiungere la perfezione'. Dovremmo agire il più spesso possibile con passione, rimanere galvanizzati, dare tutto il possibile affinché non appaia il compimento nel nostro mondo.

Il quarto elemento creativo dell'impulso si presenta così: credendo fermamente e senza alcun dubbio alla soddisfazione del nostro desiderio, dovremmo costantemente chiedere al nostro sé interiore: "Ed ora, cosa dovrò ancora fare?" Nel frattempo, ascoltiamo dentro di noi, colmi di speranze – fino a quando una risposta ci illumini (un'idea od un'espressione geniale improvvisa che possiamo leggere sul giornale od altrove, oppure qualcosa detto da una persona, per caso). Quindi reagiamo immediatamente ed eseguiamo l´impulso.

Questo quadruplo impulso 'per la realizzazione del deside-rio' (vedi anche ,Parte 3' della Pratica) funziona solo nella dimensione superiore.

Attenzione! Non dite niente della vostra intenzione, nem-meno agli amici più cari. Se dite: "Ho trovato un metodo sensazionale, come fare diventare il mio desiderio realtà: ringrazio già da ora per quel che vorrei avere – e giubilo e ballo per la gioia.", probabilmente finirete in manicomio. In ogni caso, i vostri amici vi tratteranno da quel momento in poi con compassione ed arroganza, o vi derideranno sem-plicemente. Dirlo soltanto, dopo che abbia funzionato!

Per il vostro incoraggiamento: I cristiani, i buddisti, gli sciamani e molti altri, hanno tutti realizzato le loro mera-viglie in questo modo – nella dimensione superiore. Quindi con il nostro metodo siete nella migliore compagnia. Vi svelo una cosa bellissima: una volta che avete sperimen-tato l'esaudire di un proprio desiderio in questa maniera incredibile ed affascinante, non vorrete mai più cambiare e volere vivere altrimenti.

Adesso, andiamo al lavoro rapidamente! Da oggi in poi, vo-gliamo cogestire e non più essere un giocattolo impotente del destino. Appena abbiamo lanciato gli impulsi giusti nella dimensione superiore, la nostra vita può tramutarsi in una vita di sogno. Visto che gli impulsi non hanno massa, vengono subito assorbiti e mostrano immediatamente ef-fetto.

Parte 3 Al Punto – Alla pratica

Adesso siamo pronti per la pratica/prassi

Forse, rendiamoci conto per prima cosa di come ci sentiamo personalmente in questo momento. Avete un problema attuale od un grande desiderio? Volete cambiare qualcosa nella vostra vita? Nel caso aveste un problema: può essere che siate stati voi stessi ad avere inconsciamente portato il problema? Quali pensieri e quali sentimenti avete avuto od avete adesso, se ci avete pensato o se ci pensaste? Riconoscete una connessione?

La famosa frase: "La cosa alla quale presto la mia attenzione cresce, fiorisce e prospera.", ci guida nella giusta direzione. Forse vi fa aprire gli occhi? Può forse il problema essere che vi siate molto arrabbiati per qualcosa – sempre ed ancora – ed che ora ne raccogliate i frutti marci?

Ancor peggio sarebbe l'autocommiserazione. Perché quando vi sentite dispiaciuti, pieni di dolore e tristezza per voi stessi, perchè "tutti sono sempre contro di voi" o perchè "ogni grande relazione finisce senza speranza nel caos" o "non funziona mai niente", allora, è perchè voi stessi state causando il problema con un fortissimo potere emotivo. Così rischiate che il tutto rimanga in quel modo o perfino che peggiori. Capite di che cosa si tratta? Forse "sperimen-tate" questi "traumi emotivi" ancora ed ancora ed ascoltate all'interno di voi stessi: "Che cosa ho fatto di sbagliato?"- allora cosi avete – per ora – perso la lotta.

Esattamente questa è, secondo le nostre ultime scoperte, la forza estrema che crea qualcosa di nuovo. L'autocommi-serazione provoca ciò che vogliamo assolutamente evitare: nuova sofferenza.

Se avete un desiderio insoddisfatto: avete veramente pen-sato o "sognato" a lungo di ciò che volete o desiderate? Avete prestato sufficiente attenzione al soddisfacimento del de-siderio? Nel caso affermativo – d'ora in poi – ne tirerete felicità per la vostra vita: il fastidio è finito e cacciato per sempre!

Risolvete il problema il meglio possibile e poi: concentratevi su quello che volete ottenere – fissatevi sull'adempimento del vostro desiderio. Allora, mettiamoci al lavoro – provo-chiamo felicità e gioia! Entriamo nella "pratica".

La fisica quantistica ci ha spiegato quello che le religioni del mondo hanno già da parecchio tempo riconosciuto intui-tivamente. Ci ha rivelato che i miracoli sono del tutto pos-sibili ed accadono in continuazione od ogni tanto – nella dimensione superiore. Visto che la materia non esiste e che ci muoviamo nel vuoto – tutto può succedere e sparire-dunque tutto è sempre possibile, così come il ‚salto quan-tico‘. Il fenomeno di questo salto quantico si effettua nel modo seguente: un elettrone salta da un livello di energia all'altro, senza mai fermarsi nello spazio intermediario – in una maniera estremamente veloce. Nello stesso modo, nel nostro mondo, possono succedere delle cose extra-naturali : desideri che si realizzano oppure dei miracoli, che fin'ora, sono sempre stati completamente inspiegabili per quasi tutti noi.

Dobbiamo renderci conto e capire che tutto ciò su cui ci concentriamo, cresce, fiorisce e prospera. Allora, quando uno si arrabbia a lungo per qualcosa, è colpa sua se ne raccoglie i frutti sgradevoli. È meglio portare fortuna e gioia nel proprio cuore e nella vita, ed essere così riempiti di gioia e di letizia.

Abbiamo visto in quale modo le varie religioni hanno trovato la via verso il miracolo (parte 1: preghiera, meditazione, trance ecc...). Inoltre abbiamo imparato a conoscere il nostro guastafeste: ossia la nostra mente, la quale cerca di fare di tutto per impedirci di raggiungere i nostri desideri e la realizzazione di eventuali miracoli.

Mettiamoci al lavoro!

Vi farò conoscere una tecnica di come si può sorprendere la mente in maniera divertente ed aggirarla in un modo molto semplice. E così possiamo inserirci nel livello dell'onnipotenza, e "decollare" direzione dimensione superiore.

Ed ora, in conoscenza di causa, possiamo incamminarci allegramente nel mondo delle meraviglie e dei miracoli.

Cinque fasi per l'adempimento del desiderio / per la meraviglia o miracolo

Fase 1 – 5

Prima fase: concentrarsi sull'obbiettivo e "decollare" in direzione dimensione superiore – *Si dovrebbe costantemente lavorare a questo metodo. All'improvviso si capisce come sarebbe meglio altrimenti – quindi cambiare – ancora ed ancora …sine fine.*

Il primo passo, il nostro cosiddetto ‚concentrarsi e decollare', ci dà un accesso facile, quasi senza sforzo, alla dimensione superiore. Da praticare sopratutto nella 5. fase = la meditazione.

Esercizio: ‚concentrarsi e decollare'

Sedersi o sdraiarsi comodamente in un posto tranquillo e chiudere gli occhi. Spingere l'unghia del pollice destro delicatamente (a volte in maniera più forte, a volte più debole) alternativamente nella punta di una delle dita e **percepire.** Contemporaneamente, con il pollice sinistro fare dei cerchi a turno sulla punta delle dita della mano sinistra e **percepire**. Passare la lingua, allo stesso tempo, sù i denti superiori e sù quelli inferiori ed a volte sul palato, oppure sulle labbra e **percepire** – il tutto da fare contemporaneamente. Ora la mente è fuori combattimento e non può più pensare. Se diamo alla mente il compito seguente: "dividere 144 per 4." vedremo che è completamente incapace di realizzarlo.

Da provare ora – e da fare subito!

<u>Variante</u> per l'esercizio 'concentrarsi e decollare':

Per 'concentrarsi e decollare' si può anche accartocciare un ritaglio di carta in una mano e giocare con una gomma per cancellare o moneta od altro nell'altra mano e passare la lingua sù i denti, il palato e le labbra. La cosa principale è che **si percepisca tutto insieme** molto intensamente e con-temporaneamente. Si può fare tutto ciò che ad uno passa per la testa, la cosa essenziale è d**i sentirsi davvero confuso**, cosìcchè la mente si arrende.

Seconda fase: formulare un testo per l'adempimento del desiderio – *Si dovrebbe costantemente lavorare a questo metodo. All'improvviso si capisce come sarebbe meglio al-trimenti – quindi cambiare – ancora ed ancora …sine fine.*

Dato che si desidera ottenere qualcosa (la realizzazione di un desiderio od anche di un miracolo), bisogna mettersi al lavoro scrivendo ora il proprio testo.

Come dovrebbe apparire l'adempimento del proprio più grande desiderio?

Scrivete la sceneggiatura per il vostro video mentale – la storia dell´´esaudire geniale del vostro desiderio', formulando il tutto in maniera completamente precisa, focalizzando sui risultati e con molti dettagli. In ogni caso, formulate solo positivamente! Infatti, appena si desidera ‚nessuna' malattia, o ‚nessun' litigio, di consequenza invece ci si ammala o si litiga nell´immediato futuro – perchè la mente subconscia non conosce negazioni.

Lasciate correre la vostra immaginazione – il film deve essere meraviglioso. Non dimenticate: in verità desiderate la sensazione di avere raggiunto già adesso il vostro desiderio. Quindi, pensate e immaginate sempre ‚ce l´ho fatta' – trionfo!

Lo **percepite** già mentre scrivete e poi sempre, ed ancora di più. Provate più tardi, durante la meditazione e ripetutamente, ogni qualvolta ci pensate.

1.   Annotare i propri obiettivi sù schede:

Corpo:	salute / figura desiderata / fitness / bellezza … ecc.
Amore:	amore della vita / felicità nel matrimonio / bambini fantastici / viaggi romantici / complimenti / baci … ecc.
Successo:	gioia nel lavoro / riconoscimento / aumento / aumento di stipendio … ecc.
Denaro:	xy Euro sul conto / casa bellissima / macchina favolosa … ecc
Esame:	superato / buon grado / certificato / vincitore coppa / celebrazione … ecc.

2.	Formulare tutti i desideri dal punto di vista dell'io su dei cartellini: (*io ho già … / io sono già …*). e scriverli pieni di entusiasmo e di grande emozione come ad esempio: Sono contento con tutto il mio cuore che … … * *ho già/ sono già … … Lo percepisco ora! … sento che è così incredibilmente meraviglioso!*

Sono così immensamente grato che … … / Sono felicissimo che … … / Non riesco a credere che … … / Il mio cuore salta di gioia … … / È così bello che … …

*E sempre: * ho già/ sono già … … Lo sento ora! … … Lo percepisco ora! … … sento che è così incredibilmente meraviglioso!*

3.	Fate partecipare tutti i propri sensi nel testo: Lo sento … / lo percepisco/ l'ascolto … / lo vedo … / l'odoro …/ l'annuso … / lo gusto … Scrivete così: ,magicamente fantastico – magnifico – spettacoloso' – cosi con questi epiteti si crea già gioia durante la scrittura.

4.	Ed ora il via per scrivere la sceneggiatura per il proprio ,video mentale'.

Prendete la vostra intera raccolta personale di materiale (vedi sopra: 1. – 3.). Potreste sognare di un ,giorno meraviglioso'. Comminciate a scriverlo adesso. Come potrebbe essere una riuscita geniale? Oppure il giorno più fortunato, il più favoloso, un giorno di felicità? Scrivete tutto – nessuno lo può vedere e si può cambiare tutto molte volte.

Un esempio (solo uno schema per il primo script – la versione personale sarà sicuramente la migliore):

Mi sveglio e sento la gioia … (ho dormito benissimo e per oggi ho qualcosa di divertente in mente … non posso aspet-

tare … + … sentimenti) – Accanto a me xy mi sorride …
(il mio grande amore – ora dice qualcosa di bello … + …
sentimenti) – Salto fuori dal letto … (sono pieno di energia –
ho il mio peso ideale – sono topfit … + … sentimenti) – Poi
prendiamo la prima colazione … (ridiamo di gioia – un bel
bacio – frutta fresca … + … sentimenti) – Prima di uscire
mi guardo per un attimo nello specchio … (vestiti belli, ca-
pelli brillanti, pelle radiosa, figura perfetta, tutto bene … +
… sentimenti) – Ora vado al lavoro … (un sacco di compiti
divertenti, eccitanti, colleghi simpatici, super grande capo,
molte lodi, aumento di stipendio … + … sentimenti) … ecc.

Scrivetelo nel modo che preferite perchè potete fare tutto
ciò, molto meglio, in maniera personale.

Colui che proviene dalla cultura cristiana europea, rin-
grazia Dio per tutto. Ringraziare è molto importante, ma
ognuno può decidere da sé chi ringraziare e come ringraziare.

Non importa che aspetto abbia il proprio mondo in questo momento. L'importante è di concentrarsi nell'adempimento del proprio desiderio. Si deve scrivere il proprio testo
in modo che soddisfi la propria aspirazione e che festeggi
in maniera esuberante la nuova realtà. Non importa ciò
che dice la propria mente. Prenderà in giro, farà commenti
cattivi, magari farà in modo di tentare l'impossibile per
distrarci. Bisogna continuare. Più tardi poi, durante la meditazione, la mente non avrà più nulla da influenzare.

Un punto importante: È giusto dire ad ogni nuova desiderata realtà: "Se può essere" oppure, "Se fa bene alla mia vita" oppure, "Se a Dio piace". Spesso siamo nel profondo di un problema o di una situazione e desideriamo qualcosa che potrebbe non essere veramente buona per noi. Guardando indietro, ci si rende conto che sarebbe stato più opportuno che questo desiderio non fosse stato soddisfatto.

Inoltre, bisogna assicurarsi che il proprio desiderio non rechi danno ad altri e che non si immischi nella vita di altri individui.

Un'altro punto: il buddista Lama Ole Nydahl dice: "I sentimenti del disturbo attingono la loro forza dall'importanza che uno gli dà" (vedi Lama Ole Nydahl, pag. 82). Portando ciò che disturba in ordine – al meglio ed il più velocemente possibile – si riesce a dimenticarlo. Guai, ad arrabbiarsi! Centrate la vostra attenzione direttamente sulla propria nuova realtà desiderata, percepite con tutti i vostri sensi, come con una lente convergente, il proprio entusiasmo per il desiderio 'già realizzato'. Allora questa 'nuova realtà' diventa la propria realtà interiore, completamente indipendente da circostanze esterne.

L'obiettivo del proprio desiderio consiste nel raggiungere la sensazione di 'averlo" o di 'esserlo già'. Sentirsi presentemente arrivati al traguardo, colmi di entusiasmo e di passione. Se uno 'già' ha raggiunto qualcosa, allora continua ad attirarsela, perché la 'legge della risonanza' dice: 'lo stesso attrae il medesimo', oppure in questo senso, pensate al famoso proverbio: "piove sempre sul bagnato"!

Dunque si deve formulare il proprio testo secondo questo principio.

Ed ora è arrivato il momento di: memorizzare il proprio testo nel miglior modo possibile.

Terza fase: registrare con la propria voce il testo sullo smartphone.

1. Registrare ed ascoltare una bella musica (con gli strumenti preferiti).

2. Sullo smartphone andare su "registrazione".(bottone rosso).

3. Pronunciare il proprio testo sul sottofondo musicale scelto.

4. Infine, salvarlo.

5. In seguito, invio del testo sul proprio WhatsApp – per sicurezza.

Quarta fase: l'ispirazione e la lacuna del pensiero

Manca ancora un elemento creativo: l'ispirazione.

Non appena saliti nella dimensione superiore e mentre si guarda interiormente il proprio video mentale, mostrante la meravigliosa esaudizione del desiderio, si dovrebbe inconsciamente ed in continuazione chiedere un'ispirazione, un'idea. Per esempio: "Cosa devo fare in particolare perchè l'adempimento del desiderio appaia il più rapidamente possibile, nella mia vita ed in questo mondo, qui e subito?" Ascoltate in voi stessi, completamente svegli e pieni di attenzione. E così raggiungerete contemporaneamente la risposta: il sapere' che il proprio desiderio sì è 'già realizzato'.

Durante l'intensivo "ascolto" interiore, può sorgere, nel caso di una situazione ideale, una lacuna del pensiero. Allora, se si riesce a farlo, si deve inserire, in questa lacuna, 'l'impulso del desiderio esaudito", ed in questo modo, il miracolo può spontaneamente apparire.Potrebbe invece anche durare un po' più a lungo. Prima o poi, forse solo dopo pochi giorni o dopo alcune settimane, può anche succedere che improvvisamente appaia un pensiero, una brillante idea che dice: "Da fare assolutamente subito." E se arriva fatelo!

Una volta sperimentato come si manifestano e si realizzano i propri desideri –anche i piccoli successi sono una grande esperienza – non si vorrà mai più smettere di vivere senza questa consapevolezza.

Quinta fase: la meditazione

Ora sappiamo che possiamo meditare ovunque: su una sedia, a letto o in fila al supermercato. I migliori risultati si ottengono chiaramente durante un lavoro (la stiratura, la falciatura del prato ecc) o meglio nel corso di una passeggiata. Qui si deve tuttavia, fare attenzione a non correre con troppo entusiasmo contro una lanterna o sparire in un tombino!

Inserite i tappi nelle vostre orecchie o mettetevi le cuffie ed ascoltate, concentrati, il vostro ingegnoso ed autoprodotto video mentale, riguardante l'esaudire del vostro desiderio. Inalzatevi, per mezzo della concentrazione' (vedi 'Prima Fase') nella dimensione superiore. Sperimentate lì con dedizione ed entusiasmo l'adempimento del proprio desiderio.

Sentite, ad occhi aperti, la felicità e la splendida gratitudine per il 'già ricevuto' sia al supermercato che durante una passeggiata. Concentratevi sulla vostra sensazionale e felice 'soddisfazione del desiderio', impostando per questo i vostri impulsi più potenti. Non dimenticate mai la vostra assoluta 'volontà di volere raggiungere la perfezione', né il forte desiderio di 'avere già' o di già essere. In effetti l'obbiettivo è stato già raggiunto – wow!

Godetevi questa sensazione con tutti i vostri sensi. Fate dello zelo, ripetetendo ogni cosa, il più possibile.

Nel frattempo, dovete cercare costantemente di ricevere un'idea, un'ispirazione chiedendo: "Che altro potrei fare in modo che l'adempimento appaia il prima possibile qui e subito?" Ascoltatevi molto attentamente nel vostro interiore, però da svegli, ed estremamente concentrati su voi stessi.

Succede però spesso che la mente si annuncia di sorpresa ed urla violentemente: "È una pazzia! Non è per niente vero tutto ciò – è ridicolo – !". Fintanto che la mente non sarà neutralizzata, continuerà così. Ma non importa, decollate di nuovo e tornate nella dimensione superiore. Godetevi l´idea del vostro sapere interiore e della conoscenza che 'il proprio desiderio è già soddisfatto' e che 'tutto è meraviglioso' – e ringraziate con tutto il vostro cuore.

Meditazione a passeggio:

Come alternativa all'ascolto via smartphone, potete semplicemente recitare in silenzio il proprio testo imparato a memoria, mentre passeggiate e cercare di percepire il più possibile con tutti i vostri sensi. Cercate di **sentire** il sole caldo sulla vostra pelle od il vento gelido sul vostro viso. **Ascoltate** pure il cinguettìo allegro degli uccelli od il forte latrato di due cani che si rincorrono. Allo stesso tempo, **guardate** un gruppo di ragazzi che giocano a football e lasciatevi **estasiare** dal'odore inebriante di un cespuglio di gelsomini che avete appena superato.

Non appena avrete **percepito tutto contemporaneamente ed intensamente**, sperimenterete quanto siate felici di potere decollare e.. più i sentimenti sono diversi, più presto volteggerete nella dimensione superiore.

Percepite completamente concentrati e felici, come il raggiungimento del vostro desiderio, che vi siete fissati, sia una sensazione geniale, meravigliosa e divina. Ringraziate dal profondo del vostro cuore e rallegratevi per questa nuova realtà. Non sorridete, perchè è davvero realtà e fatene invece subito l´esperienza!

Dovete migliorare costantemente il vostro testo, lavorarci sempre, impararlo a memoria, parlarlo sempre di nuovo sullo smartphone. Restate sintonizzati, portate sempre con voi il foglio degli appunti.Poi, all'improvviso vi verrà un′ idea: "che dovete fare qualcosa e subito… ", e quindi lo fate.

Cogliete consapevolmente ogni opportunità che vi viene incontro, per raggiungere la vostra "soddisfazione del desiderio" – nella dimensione superiore – in "unità con Dio".

Quando e dove decollerete? fissate la vostra totale attenzione sul desiderio già soddisfatto, focalizzate la vostra nuova realtà con passione, con un'incondizionata ed incrollabile volontà. Vedete con gioia le immagini ed i video immaginari del desiderio realizzato. Fate attenzione alla ricezione da sveglio di nuove idee ed ispirazioni, e poi vedete di realizzarle. Rallegratevi e ringraziate già da ora e non aspettatevi troppo in maniera veloce, però bisogna dire che spesso succedono davvero delle cose incredibili.

Non dite niente a nessuno del vostro progetto 'miracolo', per il momento. Tutti coloro "che pensano" – i razionali – vi derideranno. Iniziate semplicemente e pensate "vi farò vedere io come funziona tutto ciò!" e producete i vostri video immaginari. Vedrete che sensazione meravigliosa si ha, quando tutti quanti vi guardano stupiti.

Importante: colui che desidera, per esempio, dei soldi, e che si sente già molto ricco, non deve spendere i soldi finché non sono effettivamente arrivati sul tuo conto!

Nota:

Perché l'amore (con questo s'intende: l'essere immortalmente innamorato, un sentimento effervescente, la passione insaziabile, la gelosia struggente, l'atto d'amore in quanto culmine, ecc) è nel nostro mondo un mega-argomento? La ragione? Perché è così incredibilmente bello, anche se talvolta si presenta talmente drammatico, così commovente ed emotivo, od anche sconvolgente – sia per i giovani che per gli anziani, oppure per i poveri così come per i ricchi. La ragione di questo è che, con l'amore, TUTTI i nostri sensi si congiungono, e si muovono con la massima eccitazione, in estasi, e con tutta la loro arte e tutta la loro forza. I sensi sono in perpetuo moto e giocano pazzamente, catapultandoci automaticamente nel mezzo della dimensione superiore, il luogo del divino. Non senza ragione, questa viene lodata come l'eliso, il paradiso, il nirvana e come l'eterna beatitudine. È veramente il luogo del quale tutti noi sogniamo con grandissimo desiderio.

Meditazione in luoghi e modi speciali

Meditazione in chiesa

Supponiamo che desideriate subito ed in maniera urgente un miracolo. Come procedereste concretamente per realizzarlo, tenendo presente tutti i metodi che vi sono stati descritti fin'ora? Certo, il vostro primo passo dovrebbe essere di scrivere il proprio testo, impararlo a memoria o parlarlo sul proprio smartphone. Dopodichè dovreste, nel corso di molte passeggiate, recitarlo od ascoltarlo e concentrarvi con gioia e gratitudine sulla vostra nuova realtà, festeggiandola. Ma che cosa potete fare se non succede niente? Che ne dite del moltiplicatore religioso? Perché non andate semplicemente una volta in chiesa? Godete in tale luogo consapevolmente il meraviglioso divino silenzio, o la forza spirituale trasmessavi da un servizio religioso. Lasciatevi incantare dalle immagini e dalle statue ornanti gli altari e le pareti. Percepite l'atmosfera spirituale e trascendente del posto sacro – …e forse sentite ivi la presenza di Dio? Sperimentate tutto ciò con tutti i vostri sensi, lasciatevi influenzare nel profondo di voi stessi e recitate in silenzio il vostro testo. Quindi concentratevi fiduciosi ed in unità con Dio, sul compimento del vostro desiderio. Infine rallegratevi e ringraziate. In questo modo, potreste attrarre magneticamente la realizzazione del vostro desiderio o persino del vostro miracolo.

Il ‚rosario personale'

Se siete un cristiano e pregate di tanto in tanto il rosario, il cosiddetto 'rosario personale', potreste riuscire a compiere un salto quantico per la vostra intenzione dell' 'adempimento del desiderio' o 'miracolo'. Attraverso la costante ed intensa ripetizione delle preghiere ('Padre Nostro', 'Gloria al Padre', 'Credo' e 'Ave Maria' …) sarete in 'unità con Dio' per un lungo periodo di tempo.

Ricordate la parabola del vitigno? Giovanni 15, 5 + 7: [Gesù disse] "Io sono la vite, voi siete i tralci. Colui che dimora in me e nel quale io dimoro, porta molti frutti; perché senza di me non potete far nulla [...] se dimorate in me e le mie parole dimorano in voi, domandate quel che volete e vi sarà fatto."

Gesù qui indica, che ci (i tralci) è permesso di condividere la potenza di Dio, non appena siamo collegati con lui (la vite), non appena siamo diventati una pianta unica ('Unità con Dio'). Non appena il succo della vite scorre nei tralci, non appena il potere divino scorre in voi e così nella vostra preghiera, questa si trasforma in una missione divina: "… e vi sarà fatto."

Dovreste usare quest' aspetto sensazionale nel vostro 'rosario personale' ed inserire ora, invece dei segreti della fede', il vostro proprio desiderio come un 'ordine divino'. Sarebbe meglio riferirsi a Matteo. 13, 11-12 "Così a chi ha, sarà dato e sarà nell'abbondanza; ed a chi non ha sarà tolto anche quello che ha." Allora, da oggi in poi, prendete spiritualmente in possesso e con immensa gratitudine, la nuova straordinaria e meravigliosa 'realtà' del vostro desiderio realizzato. (**vedi pag. 53**: "Se può essere" oppure, "Se fa bene alla mia vita" oppure, "Se a Dio piace")

Da oggi in poi e grazie a Dio, vedete nella vostra mente l'immagine od il film della realizzazione del vostro desiderio. SENTITE con tutti i vostri sensi – con piena devozione – il più spesso possibile – la felicità della vostra nuova realtà. Ringraziatene Dio per la realizzazione e per l'effettivo possesso.

Dopo di che – allo stesso tempo – da un lato, ascoltate attentamente dentro voi stessi, per sapere se potete ottenere una risposta alla domanda "Cos'altro dovrei fare?" – e se arriva lo fate – e dall'altro dovete sempre ‚credere' fermamente nella realizzazione del vostro desiderio e percepire il compimento del proprio desiderio come nuova realtà. È assolutamente importante di non avere mai più dubbi, anche se il tutto sembra senza speranza. Luca scrive 8, 48: "Ma egli le disse: Figliuola, la tua fede ti ha salvata; vattene in pace." Un profano esempio a questo punto: anche con Amazon la consegna richiede un pò di tempo, ma non vi viene minimamente l'idea di dubitare che la consegna non avvenga. Dovete avere fiducia. La realizzazione del desiderio personale verrà – prima o poi – al momento giusto – magari in maniera sorprendente. È sempre un regalo di Dio.

Dal Big Bang, il pensiero, l'energia e la materia sono connessi energeticamente e informativamente per sempre (entanglement quantistico) – quindi tutto può accadere in maniera infinitamente veloce e senza alcun ritardo. Nella tecnologia lo sperimentiamo quotidianamente. Un esempio: la RAI trasmette il telegiornale attraverso le sue antenne di Monte Mario a Roma e questo appare quasi contemporaneamente su tutti gli schermi sparsi per l´Italia ed anche nel mondo.

Non è così facile per noi, esseri umani, realizzare tutto ciò perchè non riusciamo ad immaginare una nuova realtà in maniera così spontanea. I nostri pensieri ci dicono: "non è possibile". Ma invece è davvero possibile finché noi riusciamo a restare "ancorati" alla potenza di Dio e finché il succo della vite scorre nei tralci. Gesù Cristo era lui stesso Dio ed essendo cosciente del suo potere divino, riusciva a fare apparire i suoi miracoli immediatamente.

Meditazione al concerto pop all'aperto

Anche al concerto pop all'aperto, percepirete un'affascinante varietà di impressioni sensoriali. Prima di tutto, non vedete l´ora di vedere apparire la vostra super band dal vivo. Superato infine il procurarsi i biglietti onerosi ed i controlli noiosi della sicurezza, ecco finalmente arrivato il momento di vedere la vostra Band in carne ed ossa! Come prima cosa, vedete lo stadio addibbito con schermi riflettenti video sensazionali e variopinti e poi finalmente vengono i vostri Superstar, come Chris Martin o Lady Gaga, che entrano sul palcoscenico. L'impianto d´altoparlante è acceso a tutto volume e la folla urla, strilla, salta e balla e si diverte un sacco e voi pure, decollando così inconsciamente verso l'alta dimensione. Tutti danzano, pieni di entusiasmo ed allegria! È uno spettacolo gigantesco. Sperimentatelo con tutti i vostri sensi, concentratevi sul vostro desiderio, sicuri della sua realizzazione in questo mondo. Attendetela fiduciosi e ringraziate pieni di gioia per la grazia attesa. Anche in questo modo potete attrarre magneticamente la realizzazione del vostro desiderio o del proprio miracolo.

Meditazione durante un concerto, una rappresentazione d'opera od una partita di calcio.

Durante una rappresentazione d'opera od un concerto, il suono dell'orchestra è potente e travolgente, quello dei cori e delle arie dei cantanti, entusiasmante. Nei balletti rappresentati all'opera, sono invece delle ballerine e dei danzatori superdotati che ci rubano il fiato con le loro eleganti acrobazie, mentre invece, alla partita di calcio, sono degli eroi atletici che ci inculcano un'estrema tensione nervosa e che ci fanno fare il tifo per la nostra squadra preferita, perchè riesca a fare un goal, che ci catapulta poi con gioia ed entusiasmo nell'aria. Decolliamo senza notarlo. Concentrate anche qui il vostro desiderio sulla 'nuova realtà'. Il vostro miracolo può accadere sempre ed ovunque, se lo chiedete consapevolmente.

Meditazione con la luce

Così potreste formulare il vostro testo se volete, per esempio, guarire: "Immagino che una luce brillante inondi il mio corpo. 'Lo so' che questi raggi di luce brillante, abbaglianti come il sole – provengono direttamente dal cielo. Sono divini ed hanno uno misterioso potere curativo. Percepisco questo potere che è allo stesso tempo magnetico ed elettrizzante. La luce scintillante fluisce attraverso la pelle nel mio corpo e lo riempie completamente in tutti i sensi ed in tutte le direzioni. A questo punto, sento come questa luce magica penetra in tutto il mio corpo e sana tutto: ogni organo, ogni muscolo, ogni cellula e soprattutto ogni punto debole – sì, ora ed immediatamente!

Percepisco in maniera molto forte questa luce radiosa, magica, guaritrice, sento il calore e di conseguenza la guarigione –è assolutamente meraviglioso – è davvero bellissimo. Tutto il mio corpo, tutta la mia anima e tutte le circostanze negative della mia vita sono ora completamente guariti – provo una grande ed intensiva felicità! Ora, con immensa gioia e gratitudine, ringrazio con tutto il mio cuore."

Imparate il vostro testo a memoria e ditelo sul vostro smartphone.

La registrazione sullo smartphone ha molto senso e richiede poco tempo. Non appena siete nella dimensione superiore, è possibile che non riusciate più a pensare, quindi non vi ricordate più tutto il testo appreso a memoria per la meditazione, per lo meno all'inizio di questa. Ma se lo sentite dallo smartphone, potete iniziare più facilmente a meditare ed a impostare gli impulsi, pieni di dedizione e di gioia. Sarebbe utile recitare il testo tre volte di seguito, rinforzandone così l'effetto.

Se ci riuscite, dite il vostro testo a memoria, sennò ascoltate il vostro testo dallo smartphone e decollate * per la dimensione superiore.

*per 'fissarsi uno scopo e decollare' vedi ,parte 3', 1:

Il sistema migliore sarebbe di fare una passeggiata al sole – così sentirete come la splendida 'luce scintillante, proveniente dall'alto, vi invade, convincendovi, con l'aiuto di un po' di fantasia, che la luce è 'divina' e 'curativa'. In tal modo potete immaginare con tutti i vostri sensi la guarigione.

Appena avete terminato, arriva il momento decisivo:

Sebbene siate 'già guariti', la vostra schiena potrebbe comunque farvi ancora terribilmente male – chiedete aiuto! Vi rendete conto di essere teoricamente 'già sani', anche se non lo siete ancora 'di fatto'. Questo è il segreto! Di solito ci vuole qualche tempo finché il risultato sia visibile nella nostra dimensione, ossia nel nostro mondo qui giù!.

È molto importante:

Sentitevi ora completamente sani, anche se non lo siete ancora in effetti. Non ha importanza che la propria mente si rallegri e dica: "Vedete, ve l'ho detto, tutto questo non ha senso, è ridicolo." Lasciate che questa frase entri nell´orecchio sinistro e riesca da quello destro! ... Sapete bene come ciò funziona!.

Attenzione: non dovete mai più dubitare dell´esito della realizzazione del desiderio. Appena dubitate, la guarigione non avrà più luogo, perchè non ci credete più = perchè avete perso la fede, ossia la fiducia.

Per cui, ascoltate il testo della meditazione ancora ed ancora, il più spesso possibile – mentre passeggiate ed anche quando siete in coda alla fila presso la cassa del supermercato, oppure mentre cucinate o fate del giardiniaggio – ovunque, con qualsiasi lavoro di routine giornaliera. Vantaggio 1: Non perdete altro tempo perché state facendo qualcosa di utile comunque. Vantaggio 2: Si concentra più o meno sul loro lavoro e quello che sente dovrebbe scivolare nel suo subconscio, senza troppe contraddizioni.

In tal modo, la vostra fiducia nella nuova realtà si rafforza. Chiedete al vostro subcosciente di essere ispirati sul cosa fare – e poi, a risposta avvenuta: fatelo!

È veramente incredibile, tutto quello che può succedere allora ... Certe volte è possibile che tutto improvvisamente vada bene e che il desiderio sia stato realizzato ... e non possiamo neanche spiegare come sia successo!

È possibile, che da ora in poi, questo tipo di miracolo si ripeta sempre più spesso e che, chiunque vedrà il suo desiderio realizzato, non vorrà desiderare i suoi sogni in un'altra maniera, ma sempre e soltanto nello stesso modo. E non appena inizierete a vivere cosi, sarete innondati da una gioia immensa.

Parte 4 Un miracolo per il mondo

Auguriamoci, se fosse possibile,

ancora un miracolo per il mondo.

Un miracolo è un miracolo … Lasciateci sperimentare qualcosa di assolutamente impossibile, completamente irrealizzabile – ci proviamo a farlo e basta:

Immaginiamo semplicemente che piove in tutti i deserti dell'Africa una volta, se non addirittura, due volte a settimana. Immaginiamo una visione a mezzo di un 'video mentale': Sopra il mare si formano spesse nuvole pesanti di pioggia ed una tempesta le spazza via attraverso il continente africano. Ma lì, nel deserto, le nuvole rimangono fisse ed innaffiano con pioggia una o due volte a settimana il deserto fino ad esaurimento. Già dopo poco tempo, le rose del deserto spuntano ed altre piante continuano ad aggiungersi e portano addirittura dei frutti. Tutto il deserto diventa verde e l'Africa intera si sta arricchendo in una maniera miracolosa.

A questo punto si può pensare: "È vero. Attraverso il cambiamento climatico del mondo tutto è possibile, tutto può accadere. Grazie a Dio questo cambiamento porta anche qualcosa di buono per l'Africa."

Ecco la nostra visione: I bambini dell'Africa sguazzano allegramente attraverso le pozzanghere, ballano e cantano con gli adulti per questa scommessa. Adesso l'intero continente africano è felice – così come lo siamo noi. Ringraziamo e ci rallegriamo per questa sensazione 'meravigliosa'.

Guardatevi questo video immaginario dell'"Africa salvata" due volte al giorno – e forse immaginate contemporaneamente delle bandiere con segni di pace in ogni città e villaggio ... e inoltre vi potete anche domandare: "Come posso anch'io contribuire a tutto ciò?"

Potete però immaginare anche un altro "super progetto". Iniziate subito! La cosa principale è che il progetto sia buono: buono per noi e buono per il mondo.

Infine una citazione di Virgilio: "Mens agitat molam." = Lo spirito muove la materia. Ebbene, Virgilio aveva percepito già allora questa massima ed aveva capito il senso della vita!

Ed ora, vi auguro delle splendide ispirazioni, seguite dalla soddisfazione dei vostri piccoli e grandi desideri, e perchè no? ...come apoteosi la realizzazione di un grandissimo miracolo personale! Vi auguro sia gioia che molto piacere, nell'esercizio della realizzazione del vostro meraviglioso mondo dei desideri!

Compila il modulo del proprio desiderio – con istruzioni

Hai voglia di un'avventura, un gioco pieno di divertimento ed eccitazione – con l'obiettivo: la realizzazione del proprio desiderio?

Quindi, usa ora l'ingegnoso ,trucco', unito ad un sensazionale pezzo di saggezza: devi immaginare, proprio in questo preciso momento, aver già ,ricevuto' ciò che desideri; unisci poi a quest´impressione, reali e profondi sentimenti di felicità, gioia e gratitudine, anche se in realtà la cosa desiderata non l´hai ancora ottenuta; hai però la coscienza e la sicurezza che ciò si realizzerà più tardi.-Sembra una cosa folle, avventurosa, ma possiede un grande potenziale di successo.

Tuttavia esiste un "nemico" in questo gioco, ed è la tua mente! Questo intelligente guastafeste farà tutto il possibile per impedire il tuo successo. Non appena vorrai perderti ad occhi aperti nel meraviglioso sogno di ,appagamento', questo nemico ti impedirà di farlo, in maniera decisamente perfida! Ti dirà: "Che sciocchezze! Sei forse diventato un´ esoterico?" oppure "È davvero imbarazzante per te! Non essere ridicolo!" od ancora ti umilia, ti insulta, ti prende in giro!

Inizia comunque: compila il modulo del proprio desiderio (vedi sotto) come se la tua richiesta fosse già stata soddisfatta. Riformula il testo, trova le tue parole migliori, fino a che non ti piaccia e sia perfetto. Quindi stampalo e pronuncia questo testo sul tuo smartphone, con una bella musica strumentale in sottofondo.

Realizza il potenziale di questo gioco. Ma devi però ingannare la tua mente! Funziona in questo modo: mentre stai ascoltando la tua registrazione, ad esempio durante una passeggiata, dovresti, se possibile, occupare tre o più dei tuoi sensi, contemporaneamente! Questo fa venire alla tua mente le vertigini, la mette fuori combattimento! Per prima cosa, e come d' abitudine devi fare attenzione al traffico. Allo stesso tempo vuoi ammirare gli abiti all' ultima mode in mostra nelle vetrine dei negozi ed ancora vuoi odorare il delizioso profumo del pane fresco e del caffè provenienti da un bar. Inoltre potresti guardare i bambini od i cani che giocano felici in un prato, udire il cinguettio degli uccelli, sentire il vento che ti accarezza delicatmente la pelle e magari anche respirare il dolce profumo del cespugli di lilà. Con così tante "impressioni sensoriali", la tua mente si trova fuori combattimento! – per cui non può piu pensare e certamente non più "protestare". Bingo e Tombola!

Ascolta la tua registrazione, ancora ed ancora, ogni qualvolta che sia possibile: durante la passeggiata, mentre cucini, stiri, fai dei bricolage o del giardinaggio – ed inizia, addirittura, già di prima mattina, nella tua vasca da bagno!

Vantaggio 1: non perdi tempo extra perché stai comunque facendo qualcosa di utile.

Vantaggio 2: ti concentri più o meno sulla tua attività e ciò che si sente "scivola" nel subconscio senza molte contraddizioni della mente. **Là il tuo desiderio diventa un ordine.** Una volta realizzato il tuo primo desiderio, non vorrai mai più smettere di "vivere e desiderare in questo modo".

Gioca – lasciati stupire – succedono così tante cose! Ti auguro un grande, fantastico successo e tanto divertimento!

Compila il ,Modulo del proprio desiderio' (vedi sotto), come se la tua richiesta fosse già stata soddisfatta. Immagina lo stato finale desiderato, pieno di felicità e di gratitudine, sì, addirittura pieno di entusiasmo: Si, l'hai già ottenuto! Si! Si è davvero avverato! Si, è già stato realizzato! Immagina di vedere di fronte a te il momento trionfante di come il tuo desiderio sia stato raggiunto! Divertiti! Senti intensamente, con tutti i tuoi sensi, con una gioia immensa: Yuppie!!! Lo scopo è stato raggiunto in maniera brillante e fantastica! Mostra la tua immensa ed intensa felicità, mista ad un incredibile stupore! Inizia una danza di gioia, piena di felicità e di gratitudine – wow!!! Come ha potuto il mio desiderio realizzarsi proprio in questo preciso momento?!!

Non smettere di ascoltare nel profondo di te stesso: continua a chiedere: 'Come ho fatto? Come sono riuscito a farlo?' E se ottieni ad un certo punto una risposta, fai quello che la tua ,ispirazione' ti dice di fare.

Allora goditi il tutto, rimani in ballo e non mollare ... nè vale mille volte la pena!!

Modulo del proprio desiderio

Grazie! Grazie! che adesso ho/ sono/ che

_____

_____

è successo/ è accaduto – se può essere/ se fa bene alla mia
vita ed alla vita degli altri/ se Dio vuole.

Sì, posso vederlo chiaramente di fronte a me:

_____

_____

Sento la mia sorpresa, il mio sollievo liberatorio, questa
enorme gioia!

Ora il mio desiderio è esaudito – sì!

_____

_____

è diventato realtà. Grazie!

Sono cosi infinitamente felice, vedo

_____

_____

e percepisco

_____

_____

Non riesco a crederci, ma è vero! È veramente fantastico!

Cosa dovrei fare di più? (Ascolto nel profondo)

_____

_____

Grazie per le idee brillanti!Vedo

_____

Sento

_____

Mi sento

_____

Sono colmo d' entusiasmo e d' infinita felicità. Il tutto è incredibilmente stravolgente! GRAZIE INFINITE!!!

Bibliografia

Badde, Paul — Heiliges Land – auf dem Königsweg aller Pilgerreisen. (2010)

Brahm, Ajahn — Nur dieser Moment – Anleitungen für die buddhistische Praxis. (2009)

Chopra, Deepak — Das Tor zu vollkommenem Glück – Ihr Zugang zum Energiefeld der unendlichen Möglichkeiten. (2006)

Dalai Lama — Die Essenz der Lehre Buddhas. (2014)

David-Neel, Alexandra — Die Geheimlehren des tibetischen Buddhismus.

Giani, Leo Maria — Die Welt des Heiligen – Die Wurzeln unserer Kultur. (1997)

Gyatso, Geshe Kelsang — Einführung in den Buddhismus. (2017)

Harner, Michael — Der Weg des Schamanen, Das praktische Grundlagenwerk zum Schamanismus. (2013)

Kuby, Clemens — Unterwegs in die nächste Dimension – Meine Reise zu Heilern und Schamanen. (2008)

Mingyur, Yongey Rinpoche — Heitere Weisheit – Wandel annehmen und innere

Paramahansa-1 Jogananda — Autobiografia di uno Yogi.

Paramahansa-2 Jogananda — L'eterna ricerca dell'uomo. (1980)

Ruiz, Don Miguel — Il quinto accordo. (2009)

Swami Sri Yukteswar	Die Heilige Wissenschaft. (1855-1936 gelebt)
Villoldo, Alberto	Le quattro rivelazioni – saggezza, potere e spiritualità dei custodi della . terra. (2012)